YOUNG ACADEMICS

Frühe Hilfen und Kinderschutz | 3

Herausgegeben von
Prof. Dr. Tim Wersig,
Prof. Dr. Regina Rätz
und M.A. Lucia Druba

Netzwerk QE-WiPrax
des Masterstudiengangs
Dialogische Qualitätsentwicklung in den
Frühen Hilfen und im Kinderschutz
der ASH Berlin

Nadine Wagner

Mediale Berichterstattung bei Kindeswohlgefährdung

Wege erfolgreicher Krisenkommunikation im Jugendamt

Mit einem Vorwort von Prof. Dr. Tim Wersig
und Prof. Dr. Regina Rätz

Tectum Verlag

Nadine Wagner
Mediale Berichterstattung bei Kindeswohlgefährdung
Wege erfolgreicher Krisenkommunikation im Jugendamt

ISBN 978-3-68900-142-1
ePDF 978-3-68900-143-8

ISSN: 2942-2647

Young Academics: Frühe Hilfen und Kinderschutz; Bd. 3

DOI: https://doi.org/10.5771/9783689001438

Onlineversion

Gesamtherstellung:
Nomos Verlagsgesellschaft mbH & Co. KG
Waldseestraße 3–5 | 76530 Baden-Baden

Printed in Germany

Besuchen Sie uns im Internet
www.tectum-verlag.de

Bibliografische Informationen der Deutschen Nationalbibliothek
Die Deutsche Nationalbibliothek verzeichnet diese Publikation in der Deutschen Nationalbibliografie; detaillierte bibliografische Angaben sind im Internet über http://dnb.d-nb.de abrufbar.

Vorwort

Ist das Wohl von Kindern gefährdet, muss das Jugendamt zu deren Schutz handeln. Kriseninterventionen und Inobhutnahmen gehören dabei zu den Aufgaben der Fachkräfte der Allgemeinen Sozialen Dienste des Jugendamtes. Es muss häufig schnell gehandelt werden. Die Situationen in den Familien sind vielfach unübersichtlich, komplex und emotional; die Folgen für die Kinder, um deren Schutz es geht, weitreichend. Hinzu kommt das zunehmende öffentliche und mediale Interesse, verbunden mit hohen Erwartungen an ein funktionierendes Professions- und Hilfesystem im Jugendamt. Umso unverständlicher erscheint es, wenn Kinderschutz scheitert und wenn Kinder, welche durch das Jugendamt bereits betreut werden, zu Tode kommen, wie in einigen Fällen geschehen. Nicht selten geraten das Jugendamt als Organisation und verantwortliche Fachkräfte selbst in eine Krise.

An dieser Stelle setzt die vorliegende Publikation an, in der Nadine Wagner nachvollziehbar konstatiert, dass die Krisenkommunikation in Jugendämtern zumeist vernachlässigt wird. Die Autorin greift dieses Phänomen auf und argumentiert dahingehend für die Etablierung systematischer Vorgehensweisen im Umgang mit medienbezogenen Berichterstattungen zu Krisensituationen vor allem im Kontext Kinderschutz. Dabei folgt die Publikation einem Krisenverständnis, welches Krise(n) als eine Art „Normalzustand" ansieht, die zum (arbeits-)alltäglichen Bestandteil und zum allgegenwärtigen latenten Gegenstand fachlicher Auseinandersetzungen gehören. Das Thema Krisen sollte demnach innerhalb der Organisationsentwicklung und des Organisationsmanagements aufgegriffen werden, sodass Handlungsgrundlagen für deren Bewältigung vorliegen. Insgesamt bewegt sich die Arbeit, den öffentlichen Diskurs aufnehmend, in dem thematischen Spannungsfeld zwischen der institutionellen Herausforderung der Sicherstellung des Kindeswohls sowie einer adäquaten medienbezogenen Kommunikation.

Mit einer exemplarischen Darstellung eines Konzepts zur Krisenkommunikation gelingt ein hervorragender Theorie-Praxis-Transfer unter einer durchweg fundierten Perspektive des Sozialmanagements. Besonders herauszustellen sind hierbei die Schlussfolgerungen, dass erstens das Managementhandeln im Vorfeld einer möglichen Krise erfolgen und zweitens, dass Wendekrisen vor allem als organisationale Chance gesehen werden sollten. Krisenhafte Situationen können demnach vor allem Lernanlässe darstellen, welche sowohl institutionelle Herausforderungen als auch Potenziale erkennbar machen, um Jugendämter als Kompetenzorte der Krisenkommunikation weiterentwickeln zu können und vor allem proaktiv in Krisen kommunizieren zu können. Wir wünschen eine aufschluss- und ideenreiche Lektüre.

Berlin, im August 2024
Prof. Dr. Tim Wersig und Prof. Dr. Regina Rätz

Inhalt

Abbildungsverzeichnis

1 Einleitung

Krisenkommunikation steht im Mittelpunkt einer zunehmend komplexen und vernetzten Welt, in der Organisationen und Institutionen, unabhängig von ihrer Größe oder Branche, mit vielfältigen Herausforderungen konfrontiert sind. Bisher wurde die Bedeutung der Krisenkommunikation in Jugendämtern oft vernachlässigt. Der Bedarf, dieses Thema verstärkt in den Fokus zu rücken, könnte jedoch als wachsend beschrieben werden, um sicherzustellen, dass die Kommunikation in Krisensituationen angemessen und effektiv erfolgt. Jugendämter sind als öffentliche Einrichtungen mit einzigartigen Herausforderungen und Verantwortlichkeiten konfrontiert, wenn es um den Schutz und das Wohl von Kindern und Jugendlichen geht. Besonders im Hinblick auf Krisen mit einem medialen Schwerpunkt wird deutlich, dass Jugendämter verstärkt Strategien und Maßnahmen entwickeln müssen, um in der öffentlichen Kommunikation angemessen zu reagieren und gleichzeitig die Interessen und das Wohl der betroffenen Kinder und Jugendlichen zu schützen. Angesichts der ständigen Präsenz und des Einflusses der Medien in unserer Gesellschaft sind Kinderschutzfachbehörden zunehmend gefordert, nicht nur in internen Abläufen, sondern auch in der Interaktion mit den Medien, eine effektive Krisenkommunikation zu etablieren. Das dadurch angestrebte Vertrauen der Öffentlichkeit stellt für die staatliche Institution eine entscheidende Bedeutung dar. Es legitimiert ihre Arbeit, fördert die Zusammenarbeit und ermöglicht effektive Krisenbewältigung. Vertrauen bedarf daher einer aktiven Förderung und Pflege. Dies geschieht durch die gezielte Auseinandersetzung mit Krisensituationen und ihre adäquate Bewältigung. Krisenarbeit erfordert somit nicht nur die Reaktion in akuten Krisenmomenten, sondern auch die Etablierung eines umfassenden Krisenmanagements innerhalb der Fachbehörde. Für bekanntwerdende Fälle besonders schwerer Kindeswohlgefährdungen, mit beispielsweise dem schlimmsten tragischen Ausgang, dem Tod eines/r dem Jugendamt bekannten Minderjährigen, ist ein aufgebautes Krisenkommunikationsmanagement außerordentlich relevant und stellt deshalb den Mittelpunkt dieser Arbeit dar.

1.1 Begründung der Arbeit

Jugendämter sind staatliche Einrichtungen und stehen daher im Blickpunkt der Öffentlichkeit. Krisen im Bereich des Kinderschutzes erhalten oft erhebliche mediale Aufmerksamkeit. Eine effektive Krisenkommunikation ist daher entscheidend, um die öffentliche Meinung, gesellschaftliche Vertrauensgabe und den Ruf der Fachbehörde zu beeinflussen. Das Thema ist im Gesamten betrachtet ein aktuelles. Für eine einzelne Kinderschutzfachbehörde mag das Thema erst dann besonders relevant werden, wenn es zu einer öffentlichen Krise im Bereich des Kinderschutzes gekommen ist. Aktuelle Vorfälle, gesellschaftliche Debatten, aber auch politische Entwicklungen beeinflussen somit die Aufmerksamkeit dieser Problemstellung. Auffällig ist jedenfalls, dass wiederholt über diverse mediale Kanäle Schlagzeilen verbreitet werden, die das Jugendamt in ein schlechtes Licht rücken. Sätze wie *„Das Jugendamt hat versagt“*, *„Das Jugendamt hat weggeschaut“*, *„Das Jugendamt hat nichts gemacht“*, etc. erreichen die Gesellschaft. Hinter diesen Sätzen stecken Schicksale einzelner Familien, genauso auch Fallverläufe auf administrativer Ebene. Eine eloquente und faire Auseinandersetzung fällt oft hinten runter, wenn das Vertrauen auf diese Weise der Informationsmeldung von jetzt auf gleich niedergerissen wird. Damit will nicht ausgedrückt werden, dass Schlagzeilen solcher Art keine Berechtigung haben. Demgegenüber muss allerdings angebracht werden, dass Fehler einzelner Fachkräfte eine Tragweite haben können, die die gesamte Kinderschutzfachbehörde oder sogar alle Jugendämter in Deutschland in Frage stellen. Gesellschaftlich ist schon jetzt fast nur noch die Rede von *„dem Jugendamt“* und nicht mehr von einem Fehler einzelner Fachkräfte eines Jugendamtes bzw. der Verantwortung des/r Elternteil/e für ihr/e Kind/er.

Als Mitarbeitende einer Berliner Kinderschutzfachbehörde besteht deshalb das Interesse, effektive Strategien für die Krisenkommunikation zu entwickeln, um letztlich die berufliche Tätigkeit zu verbessern, bestehende Praktiken in der Krisenkommunikation zu erforschen, neue Erkenntnisse zu gewinnen und möglicherweise zu Richtlinien und Empfehlungen beizutragen. Als Mitglied der Gesellschaft wiederum besteht das Interesse, dass Jugendämter angemessen auf Krisen reagieren und transparent mit der Öffentlichkeit kommunizieren. Schlussendlich wird mit dieser Arbeit darauf abgezielt, die Gesellschaft als Teilhabende und Adressat*innen der Kinder- und Jugendhilfe mittels hinzukommendem Managementgedanken in der Institution über die eigene Arbeit aufzuklären und diese anhand von Kommunikationsstrategien während und außerhalb einer Krise als Vertrauende zu gewinnen. Nicht Jede/r muss oder soll mit der Jugendamtsarbeit sympathisieren. Vielmehr wird die Kinderschutzfachbehörde in der Pflicht gesehen, transparent und authentisch Krisen zu lösen und einen sorgfältigen Austausch mit der Gesellschaft zu pflegen.

In einem Gespräch mit einem Berliner Jugendamtsleiter bestätigte sich der Eindruck, dass deutschen Jugendämtern kein Regelwerk zur Verfügung steht, wie mit medialen Krisen umgegangen wird. Vielmehr wurde die Bestätigung darin gefunden, dass Krisen eher spontan und erst dann, wenn es so weit gekommen ist, auf eigene Art und Weise bewältigt werden. Die Kommunikationsdimensionen, die vor einer Krise berücksichtigt werden sollten, um letztlich überhaupt erst vertrauenswürdige Krisenarbeit leisten zu können, sind somit kein Bestandteil des alltäglichen strategischen Denkens deutscher Jugendämter. Daher richtet sich die Arbeit vor allem wegen des Managementgedankens an die strategische Ebene der Kinderschutzfachbehörden. Zur Bewusstseinssensibilisierung soll gleichfalls die operative Ebene angesprochen werden. Die Arbeit hat zum Ziel, die Relevanz hinter Krisen und deren Dimensionen zu vermitteln. Vor allem, weil der mediale Fokus auf schwerwiegenden Fällen liegt und von denen aus öffentliche Meinungen beeinflusst werden, wurde sich dafür entschieden, genau diesen Schwerpunkt aufzugreifen. Der Erkenntnisgewinn, der durch das Studieren dieser Arbeit erreicht werden soll, besteht darin, dass vor allem die Führungskräfte deutscher Jugendämter angesprochen werden, Kommunikation nach außen zweifelsfrei als notwendig einzustufen, wenn sie von der Gesellschaft ernstgenommen werden möchten. Die strategische Ebene sollte deshalb dazu angehalten sein, Krisenkommunikation als Managementaufgabe der Öffentlichkeitsarbeit zu verstehen und letztlich die Mitarbeiterschaft als wichtigste Ressourcenquelle in diese Verantwortung mit einzubeziehen. Es sind die Fachkräfte der operativen Ebene, die für ihre Handlungen von den Medien angegangen werden. Durch das Geben nötiger Sicherheit von der strategischen auf die operative Ebene verändert sich das gesamte fachliche Auftreten in der Öffentlichkeit. Schließlich beginnt jede Managementfunktion im Inneren der Fachbehörde, nämlich bei und mit den Mitarbeitenden.

Aus all den Gründen wurde die arbeitsleitende Fragestellung für diese Arbeit wie folgt aufgestellt: *Wie können Jugendämter auf negative mediale Berichterstattungen von Fällen besonders schwerer Kindeswohlgefährdung innerhalb wie außerhalb der Fachbehörde vertrauenswürdig reagieren?*

Es fällt auf, dass die Zusammenarbeit mit Adressat*innen der Kinder- und Jugendhilfe oft von deren Einstellung zum Jugendamt abhängt. Deren Einstellung wiederum ist meistens durch Hörensagen beeinflusst worden und, wenn überhaupt, erst im eigenen Arbeitsprozess mühsam veränderbar. Die Gesellschaft mit ihren Meinungen nicht alleine zu lassen, sondern auf sie zuzugehen, um auch innerbehördliche Prozesse zu erleichtern, wäre deshalb wünschenswert. Schicksale innerhalb von Familien lassen sich auch durch die Fachkräfte der Jugendämter nur bedingt (und auch nicht immer) verändern. Was jedoch im Einfluss der Fachbehörde steht ist, Aufklärungsarbeit zu leisten, Vertrauen entgegenzubringen und jederzeit Ansprechpartner*in zu sein, um Familienschicksale nicht in öffentlichen Krisen enden zu lassen.

Abgeleitet aus dem eigenen Erkenntnisinteresse wurden drei Thesen entwickelt, von denen im Vorfeld der Arbeit ausgegangen wird:

1. Krisenbewältigung erfordert umfassende Kompetenzen und Ressourcen, die über die Grenzen einer einzelnen Fachbehörde hinausgehen.

2. Der Umgang zwischen Medienvertreter*innen und Fachkräften des Jugendamtes bestimmt, wie eine mediale Krise verläuft.
3. Jugendämter sind angehalten Krisen auf eigenständige Weise anzugehen. Ein für alle vereinheitlichtes Konzept, wie kommunikativ mit Krisen umgegangen wird, liegt nicht vor.

Durch die thematische Strukturierung der Arbeit sollen diese Annahmen aufgegriffen und am Ende ausgewertet werden.

1.2 Aufbau der Arbeit

Zunächst wird das Jugendamt als Kinderschutzfachbehörde in seinen Aufgaben und Verantwortlichkeiten vorgestellt. Das ist deshalb so wichtig, um ein einheitliches Verständnis über grundlegende staatliche Vorgaben zu entwickeln, weil das das hoheitliche Machtgefälle ausdrückt. Mit einem Praxisfall aus dem Jahr 2006 (der „Fall Kevin") wird veranschaulicht, von welcher Art der besonders schweren Kindeswohlgefährdung unter medialen Bedingungen die Rede ist. Übergeleitet von dem werden die Begrifflichkeiten Öffentlichkeit und Medien definiert, damit nachvollziehbar ist, welche einflussgebenden Akteur*innen zur Kinderschutzarbeit hinzukommen. Das nächste Kapitel spitzt sich insofern zu, dass Jugendamtsarbeit zur Krisenarbeit wird. Erstmal wird geklärt, was Krisen im Allgemeinen und für die Jugendämter im Speziellen bedeuten. Mit den Erkenntnissen des Kommunikationswissenschaftlers *T. Coombs* wird das Krisenverständnis erweitert, da er von mehreren Phasen und Managementaufgaben in der Krisenkommunikation ausgeht. Der angebrachte Praxisfall wird angedeutet in die einzelnen Phasen eingearbeitet. Im letzten Hauptkapitel sollen die vorangegangen Inhalte zusammenfließen und den Kommunikationsgedanken, der unter all den Bedingungen nötig ist, innerhalb wie außerhalb der Fachbehörde aufgreifen. Am Ende ist mit allen Erkenntnissen ein Handlungsleitfaden entstanden, der unter wissenschaftlichem Hintergrund in die praktische Arbeit eingebettet werden kann. Er kann als wertvolles Handwerkszeug von der strategischen Ebene genutzt und entsprechend auf die institutionelle Umgebung der

Fachbehörde abgestimmt werden, damit auch in Ausnahmesituationen vorbereitet und authentisch reagiert werden kann.

Für die Bearbeitung des Inhalts wurden diverse Literaturquellen genutzt, die auf unterschiedliche Weise beschafft worden. Grundlegend richtete sich die Recherche netzwerkartig von einer Hauptquelle aus – der Studie der TU Ilmenau zur Krisenkommunikation in Jugendämtern. Diese als Grundlage zu nutzen, verhalf in die unterschiedlichen Fachwinkel wie Kommunikation, Medien, Jugendamt/Jugendhilfe und Krise zu schauen. Diese Oberbegriffe zogen sich durch die Recherche und runden den inhaltlichen Aufbau der gesamten Arbeit ab. Über diese Themenfelder fügte sich die Arbeit schließlich zusammen. Mittels konkreter Schlüsselwörter wie Jugendamt, Krisenkommunikation (im Jugendamt), Krisenmanagement, Führung, (Interne) Kommunikation, Journalismus oder Medien wurde eine Literaturrecherche in der Alice-Salomon-Hochschul-Bibliothek vorgenommen. Über einzeln gefundene Werke ergaben sich neue Schlüsselwörter und Suchbegriffe, unter denen weitere Materialideen hervorgebracht wurden. Das Durchforsten einzelner Hauptwerke führte letztlich zu Artikeln, Einzelwerken oder Sammelbänden. Es eröffnete sich die Gelegenheit über die Elektronische Zeitschriftendatenbank Artikel aus den Fachzeitschriften *„Pädagogik“* oder *„Sozialmagazin“* zu gewinnen. Auch Websites wurden genutzt, um frei zur Verfügung stehende Materialien zu finden. Beispielsweise liefern die *„Frühen Hilfen“* oder *Internetseiten des Bundes* wissenschaftliches Praxis- und Informationsmaterial.

Es wurde festgestellt, dass das Thema zwar ein Aktuelles ist und zu den einzelnen Schwerpunkten diverses wissenschaftliches Material zur Verfügung steht, jedoch ein konkreter Handlungsleitfaden für Jugendämter bisher nicht ausgearbeitet wurde. Die Forschung der TU Ilmenau zielt zwar darauf ab, Ansätze zu einem einheitlichen Kommunikationskonzept zu Krisenzeiten bereitzustellen, jedoch sind diese seit der Studienauswertung nicht noch einmal aktualisiert und vertieft worden. Das soll sich mit dieser Arbeit ein Stück weit ändern. Bereits Erforschtes wird aufgegriffen und in den Zusammenhang der aufgestellten Annahmen und Fragestellung gesetzt.

2 Das Jugendamt im medialen Visier

Vorbereitend sowie basierend auf die Bearbeitung der arbeitsleitenden Fragestellung wird schwerpunktmäßig in diesem Kapitel die Kinderschutzfachbehörde – das Jugendamt – zentral sein. Es soll ein Verständnis dafür geschaffen werden, welche grundlegenden Aufgaben und Ziele hinter der beruflichen Praxis im Jugendamt stecken. Die Arbeit in diesem Praxisfeld birgt ein Risiko von Fehleranfälligkeit. Durch die öffentliche Stellung unterliegt die Tätigkeit der Kinder- und Jugendhilfe einem gemeinschaftlichen Zweck. Daher wird an dieser Stelle der Bogen hin zur Öffentlichkeit und den Medien geschlagen. Es soll dargestellt werden, was unter der Öffentlichkeit und den Medien zu verstehen ist und was deren Interessen in Bezug zur Fachbehörde sind. Dabei werden erste Problemfelder angerissen, die sich aus diesem Spannungsverhältnis ergeben. Exemplarisch wird ein vergangenes, unvergessliches Geschehnis aufgegriffen, welches eine Dramatik des Versagens der öffentlichen Verwaltung und dem medialen Umgang fixiert. Hierbei geht es weniger um die Analyse des inhaltlichen Sachverhaltes des Ereignisses, vielmehr geht es um das Ergründen des Umgangs der Behörde mit dem Unterfangen der Medienberichterstattungen und der damit verbundenen öffentlichen Aufmerksamkeit.

2.1 Die Kinderschutzfachbehörde und ihr staatlicher Auftrag

Verständnishalber gilt es an erster Stelle zu klären, was die grundlegenden Aufgaben der Kinderschutzfachbehörde sind und welche Bedeutung den Begrifflichkeiten Kindeswohl, Kinderschutz und Kindeswohlgefährdung zukommt. Vor allem, um ein klares Bild darüber zu geben, welche Rolle die Fachbehörde einnimmt und welche Grenzen sie in ihrer Aufgabenwahrnehmung hat, braucht es für die thematische Bearbeitung dieses Kapitel.

Kinder entstammen ihren Eltern und Eltern haben das Recht sich selbst um ihre Kinder zu kümmern. Der Staat zählt grundsätzlich erst einmal darauf, dass sich jedes Elternteil eigenständig und im Sinne einer positiven Entwicklung um sein Kind kümmern kann. Erst, wenn die Eltern ihrem Recht und gleichfalls ihrer Pflicht nicht nachkommen, greift der Staat kraft seines Wächteramtes ein, weil das Kind ein Recht darauf hat, vom Staat geschützt zu werden (vgl. *Wiesner* 2006, Kap. 1, S. 1ff.). Diese Handlung beruft sich auf Art. 1 Abs. 1 GG sowie Art. 2 Abs. 1 und 2 GG, in welchen festgelegt ist, dass ein Mensch (und ein Kind ist ein eigenständiger Mensch, mit eigener Persönlichkeit) in seiner Würde unantastbar ist, seine Persönlichkeit frei entfalten darf und ein Recht auf das Leben sowie körperliche Unversehrtheit hat (vgl. Art. 1 Abs. 1 GG und Art. 2 Abs. 1 und 2 GG). Staatliches Eingreifen muss jederzeit verhältnismäßig sein. Somit erteilt sich der Staat selbst die Verpflichtung, mit Maßnahmen und Angeboten das Familiensystem zu unterstützen und die Eltern in ihrer Erziehungsverantwortung zu belassen. Sein Auftrag sieht vor, gesunde und wohlwollende Rahmenbedingungen für ein unbeschädigtes Aufwachsen eines Kindes zu schaffen (vgl. *Wiesner* 2006, Kap. 1, S. 3 ff.). Schutzmaßnahmen sollen für „die Familie das ‚mildeste Mittel' darstellen" (*Meysen/Schmid* 2006, Kap. 2., S. 4). Das schwerwiegendste Mittel, nämlich die Herausnahme des Kindes aus seinem Elternhaus, muss ebendeswegen immer auf einer rechtlichen Grundlage passieren. Die Gefährdung muss zum Zeitpunkt der Einschätzung augenblicklich und erheblich sein, um eine Rechtfertigung einer solchen Schutzmaßnahme zu haben (vgl. ebd.).

Das Kinder- und Jugendhilfegesetz (KJHG) trat am 01.01.1991 in Kraft und brachte ebendiese Veränderungen in der Handhabung des Jugendamtes mit sich. Der zuvor kontrollierende Charakter wurde abgelöst von einer präventiven sowie stärkenden Herangehensweise. Das Spannungsverhältnis zwischen dem möglichst geringen Eingreifen in das Familiensystem und der Verpflichtung, Kinder und Jugendliche zu schützen, gilt es in der täglichen Arbeit als Herausforderung zu bewältigen (vgl. *Beckmann* 2014, S. 16 f.).

2.1.1 Allgemeine Aufgabenbeschreibung des Jugendamtes

Das Jugendamt ist als öffentlicher Träger im Bereich der Bildung und Erziehung tätig. Die Gesetzesgrundlagen bieten den Fachkräften präventive, hilfegebende aber auch schützende Möglichkeiten für die Arbeit mit Kindern, Jugendlichen und deren Erziehungsberechtigten. Die Fachbehörde ist ein Verwaltungsapparat, welches diverse Erziehungssysteme bietet, aber auch in Krisen interveniert. So hat es grundlegend drei Aufgaben zu erfüllen: Junge Menschen in ihrer persönlichen und sozialen Entwicklung zu unterstützen, sie vor Gefahren zu schützen und gleichwohl ihren Sorgeberechtigten/Eltern Hilfe anzubieten. Das Jugendamt sorgt dafür, Angebote der Jugend- und Jugendsozialarbeit zu schaffen, das Spektrum zur Erziehungsförderung in der Familie zu verbessern (bspw. durch Beratungsangebote), Familien in Notsituationen helfend zur Seite zu stehen, Angebote der Förderung von Kindern in Kindertagesstätten zu verbessern und auszuweiten, ambulante sowie teilstationäre und stationäre Hilfen zur Erziehung anzubieten, Kinder/Jugendliche mit seelischer Beeinträchtigung zu unterstützen und freie Träger aktiv in die Planung von Jugendhilfemaßnahmen einzubeziehen (vgl. *Beckmann* 2014, S. 16 f.).

Die Abhängigkeit zwischen dem Jugendamt als öffentlicher Träger und den freien Trägern ist hierzulande im Rahmen des Subsidiaritätsprinzips geregelt. Dieses wurde 1967 vom Bundesverfassungsgericht erklärt worden. Es besagt, dass die Sozialplanung gemeinsam mit freien Trägern passiert und ebenso, dass Angebote und Leistungen der Kinder- und Jugendhilfe vorrangig durch freie Träger umgesetzt werden, bevor der öffentliche Träger diese übernimmt (vgl. ebd., S. 20). Dem Jugendamt kommt zusammengenommen somit eine Verantwortungs- und Steuerungsfunktion zu, Dienstleistungen für Kinder- und Jugendhilfemaßnahmen zu planen, ausreichend im Sozialraum zur Verfügung zu stellen und diese Familien bedarfsgerecht zugänglich zu machen.

2.1.2 Kindeswohl, Kinderschutz und Kindeswohlgefährdung

Die Begrifflichkeiten Kindeswohl, Kinderschutz und Kindeswohlgefährdung sind zwar separat voneinander zu betrachten, verschmelzen allerdings in deren Bedeutsamkeit in der beruflichen Praxis.

Im europäischen Raum gilt weitestgehend das gleiche Verständnis für Kinderschutz, wird jedoch in der beruflichen Praxis unterschiedlich verwaltet. Bei einer Gefährdungsbeurteilung über das *Kindeswohl* wird das Verhältnis zwischen den kindlichen Bedürfnissen und den Fähigkeiten seiner Eltern beobachtet. Weiterhin gilt es zu betrachten, wie sich das Kind unter den aktuellen Gegebenheiten voraussichtlich weiterentwickelt und welche Potentiale die Eltern aufzeigen, ihre eigene Situation und die ihres Kindes zu verändern. Kinder, dessen Eltern/Personensorgeberechtigten nicht gewillt oder in der Lage sind, die für sie bestehende Gefahr gegenwärtig abzuwenden und deswegen mit großer Wahrscheinlichkeit eine wesentliche Beeinträchtigung/Störung in ihrer Entwicklung hervorgerufen wird, widerfahren einer Gefährdung ihres Wohlergehens (vgl. *Kindler* 2019, S. 24 f.). Damit ist ursächlich gemeint, dass die elterliche Sorge zu einem schlechten Zweck ausgeübt wird, das Kind/ der/die Jugendliche vernachlässigt wird, unverschuldetes Elternversagen (zurückzuführen auf persönliche oder familiäre Umstände) vorliegt oder aber das Verhalten dritter Personen für das Kind/ den/die Jugendliche/n schädlich ist (vgl. *Meysen/Schmid* 2006, Kap. 2, S. 1 ff.). In § 8a SGB VIII ist der Schutzauftrag bei *Kindeswohlgefährdung* festgesetzt. Der Gesetzestext besagt, dass das Jugendamt verpflichtet ist zu handeln, wenn ihm „gewichtige Anhaltspunkte für die Gefährdung des Wohls eines Kindes oder Jugendlichen bekannt" (§ 8a Abs. 1 SGB VIII) werden. Dann „hat es das Gefährdungsrisiko im Zusammenwirken mehrerer Fachkräfte einzuschätzen" (ebd.). Die Rechtsnorm gibt den Fachkräften des Jugendamtes vor, dass sie die Erziehungsberechtigten und betroffenen Kinder/Jugendlichen in die Gefährdungseinschätzung mit einzubeziehen haben, sofern das dem Kindeswohl nicht widerspricht. Außerdem hat es sich zur Einschätzung der Gefährdungslage einen sofortigen Eindruck der persönlichen Umgebung des Kindes/ des/r Jugendlichen zu machen. Wenn die Fachkräfte zu der Einschätzung kommen, dass die Erziehungsberechtigten Hilfe benötigen, dann sind sie dazu angehalten, ihnen entsprechende Angebote zu unterbreiten, damit die Erziehungsberechtigten selbst (wieder) in die Lage hineinversetzt werden, das Wohl ihres Kindes/ ihres/r Jugendlichen zu sichern. Sofern die Erziehungsberechtigten die festgestellte Gefährdung nicht abwenden können oder wollen, haben die Fachkräfte des Jugendamtes aufgrund ihres Schutzauftrages das Familiengericht darüber zu informieren (vgl. § 8a SGB VIII). Kommt es zu der Einschaltung des Familiengerichtes, dann prüft es gem. § 1666 BGB, ob ein Eingriff in die elterliche Sorge notwendig ist, um das Kindeswohl zu sichern (vgl. § 1666 BGB). Das kann verschiedene Dimensionen erreichen. Von dem Erteilen von Geboten oder Verboten bis hin zu dem Entzug von Teilen der elterlichen Sorge oder des gesamten elterlichen Sorgerechts (vgl. § 1666 Abs. 3 S. 1–6 BGB). Die geltenden Rechtsnormen sehen vor, dass ein Minimalzustand an Kindeswohlsicherung erreicht werden soll. Sie regeln nicht, mit welchen Maßnahmen die Erziehungsberechtigten das Kindeswohl sichern müssen (vgl. *Hein* 2022, S. 40). Kindeswohlgefährdung wird deshalb als unbestimmter Rechtsbegriff geführt. Es handelt sich um eine prognostische Entwicklungsbeeinträchtigung bei bestehender Gefahr. Das Kindeswohl ist hingegen deutlicher sowohl einer psychologischen, pädagogischen als auch einer rechtlichen Sparte zugeordnet. Unter Berücksichtigung vieler rechtlicher Grundlagen, sieht der *Kinderschutz* deshalb vor, rechtzeitig und genau tätig zu werden (vgl. *Brendel* 2021, S. 46 f.).

Um herauszufinden, in welcher Hinsicht das Kindeswohl gefährdet ist, stehen den Fachkräften Checklisten zur Verfügung, die auf Merkmale des sozialen Umfeldes sowie der persönlichen Umstände der Familie eingehen. Sie liefern eine Vorgehenssicherheit für die Fachkräfte und unterstützen bei der Beurteilung der Gefährdungslage. Die Checklisten berücksichtigen altersspezifische Schwerpunkte (vgl. *Hein* 2022, S. 40). *Hein* kritisiert jedoch, dass sich in Checklisten auch das Risiko verbirgt, eine erhebliche Gefährdung übersehen zu können (vgl. 2022, S. 41). „Checklisten sind stets anfällig für Vorurteilsbildungen, sie wiegen in falscher Gewissheit und begünstigen Fehleinschätzungen“ (ebd.). Er merkt an, dass sie dazu verleiten, nur das Sichtbare zu erfassen und spricht von einem „Scheinwerfer-Effekt“ (*Hein* 2022, S. 41), der das Augenmerk in die falsche Richtung führen kann (vgl. ebd.).

Eltern haben durchgängig das Recht und gleichzeitig die Pflicht ihrer elterlichen Verantwortung nachzukommen. Somit ist der Staat an zweiter Stelle zu sehen, während Eltern vorrangig verantwortlich für ihre Kinder sind (vgl. *Wiesner* 2006, Kap. 1). Art. 6 Abs. 2 S. 1 GG besagt, dass „die Pflege und Erziehung der Kinder […] das natürliche Recht der Eltern und die zuvörderst ihnen obliegende Pflicht" (Art. 6 Abs. 2 S. 1 GG) ist. Ob die Eltern dem nachkommen, darüber „wacht die staatliche Gemeinschaft" (Art. 6 Abs. 2 S. 2 GG). Der Gesetzgeber sieht klar vor, dass die Eltern diejenigen sein sollen, die sich um ihr Kind kümmern und es erziehen. Mit der staatlichen Gemeinschaft ist der Staat an sich und seine Verwaltungen gemeint (vgl. *Wiesner* 2006, Kap. 1, S. 1ff.). Kommen die Eltern ihrer Verantwortung gegenüber dem Kind nicht nach, dann ist der Staat demnach nicht nur im Recht, sondern auch in der Pflicht, zu intervenieren. Wenn Eltern die Grundrechte ihres Kindes/ ihres/r Jugendlichen ignorieren, dann ist bereits eine Kindeswohlgefährdung anzunehmen. Mit größer werdenden Alter des Kindes/ des/r Jugendlichen ist grundsätzlich die Rede davon, dass dessen/deren Wünsche und Bedürfnisse zunehmend sowie angemessen Berücksichtigung bei elterlichen Entscheidungen finden sollen (vgl. *Meysen/Schmid* 2006, Kap. 2., S. 3f. und § 1626 Abs. 2 BGB).

2.1.3 Die Fachabteilung des Kinderschutzes und ihre Zielstellungen

Das Jugendamt ist in verschiedene Abteilungen untergliedert. Zwei der Abteilungen kommt ein besonderer Schutzauftrag für das Wohl von Kindern zu. Das ist zum einen die Abteilung des Allgemeinen oder Regionalen Sozialpädagogischen Dienstes (ASD/RSD), zum anderen der Bereich des Vormundschafts- und Amtspfleger*innen-Wesens. Während der ASD/RSD (in Berlin wird die Abteilung RSD genannt) für die Kooperation mit freien Trägern zur Leistungsgewährung von Hilfen zur Erziehung verantwortlich ist und gleichfalls den Kinderschutzauftrag innehält, sind die Vormundschaften/Amtspfleger*innen verpflichtet, im Rahmen ihrer familiengerichtlichen Berufung zur Ausübung der elterlichen Sorge Rechte und Pflichten für ihre Mündel wahrzunehmen. Es kann nicht die Rede davon sein, dass das Jugendamt mit dem Familiengericht gemeinsame Entscheidungen trifft. Erst wenn der ASD/RSD maßgeblich an seine Grenzen gerät, gemeinsam mit den Erziehungsberechtigten das Kindeswohl sichern zu können, ist er darauf angewiesen das Familiengericht einzuschalten. Das Gericht hat dann eine eigenständige Entscheidung zu treffen, inwieweit es das Kindeswohl gefährdet sieht, ob und mit welchen Maßnahmen (gem. § 1666 BGB) es reagiert. Das Jugendamt erhält keine

Aufträge des Familiengerichts, sondern arbeitet mit dessen getätigten Entscheidungen im Sinne der gesunden Entwicklung des Kindes/ des/r Jugendlichen weiter (vgl. *Wiesner* 2006, Kap. 1, S. 4 f.). Von daher gibt es keine Kooperation zwischen dem Jugendamt und dem Familiengericht, sondern eine Verzahnung „im Sinne einer Verantwortungsgemeinschaft, bei der das sozialpädagogische Potenzial des Jugendamtes mit der Autorität des Familiengerichts" (*Wiesner* 2006, Kap. 1, S. 5) ausgeschöpft wird.

Um zunächst im schwerpunktmäßigen Aufgabenbereich des Kinderschutzes zu bleiben, wird angefügt, dass jede Fachkraft des ASD/RSD, die Kenntnis von einer möglichen Gefährdung eines Kindes/ eines/r Jugendlichen erlangt, verpflichtet ist tätig zu werden. Es findet unmittelbar eine Prüfung statt und mögliche Gefährdungslagen werden ergründet. Hierfür werden Hausbesuche realisiert, Gespräche mit den Erziehungsberechtigten sowie deren Kindern/Jugendlichen geführt und sich ein ganzheitlicher Eindruck zu dem gemeldeten Sachverhalt gemacht. Wird eine Kindeswohlgefährdung festgestellt (gem. § 8a Abs. 1 SGB VIII ist diese Einschätzung im Zusammenwirken mehrerer Fachkräfte durchzuführen – mind. Vieraugenprinzip), dann werden mit der Familie weitere Beratungsgespräche, eine geeignete Hilfemaßnahme gem. §§ 27 ff. SGB VIII i. V. m. § 36 SGB VIII oder sofortige Interventionsmaßnahmen besprochen (vgl. *Werner* 2006, Kap. 33, S. 1 f.). Die drastischste Interventionsmaßnahme zur Gefährdungsabwendung ist die Inobhutnahme Minderjähriger gem. § 42 SGB VIII. Darüber muss das Familiengericht informiert werden. Gründe für eine Inobhutnahme sind die akute Gefahr für Leib und Leben, das unbegleitete Einreisen von ausländischen Kindern/Jugendlichen nach Deutschland, aber auch die Bitte um Inobhutnahme eines Kindes/ eines/r Jugendlichen selbst (vgl. § 42 Abs. 1 SGB VIII).

Im Rahmen der Tätigkeit im ASD/RSD macht sich ein inhaltlicher Zwiespalt auf, der große Fachlichkeit sowie Feinfühligkeit von den Fachkräften abverlangt. Wie bereits an oberer Stelle erwähnt wurde, ist der Staat verpflichtet, die Eltern primär in ihrer Verantwortung zu belassen oder sie darin zu stärken, ihrer Verantwortung nachkommen zu können. Andererseits soll der ASD/RSD die Kinder/Jugendlichen vor Gefährdungen schützen. Der Zeitpunkt, wann das Familiengericht durch den ASD/RSD involviert wird oder welche Maßnahmen ergriffen werden, ist somit auch ein schwieriges Abwägen, zwischen noch möglich wirkenden sozialpädagogischen Handlungen und dem potenziellen Veränderungsgrad der Erziehungsberechtigten (vgl. *Raack* 2006, Kap. 34, S. 2).

> „Vor dem Hintergrund von Wächterauftrag, den Prinzipien der Verhältnismäßigkeit und des Nachranges sowie des Wunsch- und Wahlrechts muss die zuständige ASD-Fachkraft versuchen, selbst nach einem erfolgten Eingriff in das Familiengefüge und die Biografie des/der Minderjährigen, zu den HilfeadressatInnen ein eher *partnerschaftliches Verhältnis* aufzubauen."
> (*Blüml* 2006 a, Kap. 78, S. 3).

Die Fachkraft muss sich also stets bemühen, eine gelingende Arbeitsbeziehung aufrechtzuerhalten, um weiterhin zielorientiert mit der Familie und im Sinne einer positiven Entwicklung des Kindes/ des/r Jugendlichen arbeiten zu können. Eine Unterstützung und Stärkung der Erziehungsberechtigten kann mit verschiedenen Hilfeangeboten gem. §§ 27 ff. SGB VIII erfolgen. Das Hauptziel dabei ist, einen Prozess und „die *Verselbstständigung der HilfeadressatInnen* im Sinne von ‚Hilfe zur Selbsthilfe' zu fördern" (*Blüml* 2006 a, Kap. 78, S. 3). Grundlegend sollen für die Erreichung dieses Ziels die Hilfemaßnahmen an der Lebenswelt der Adressat*innen orientiert angeboten werden (vgl. *Blüml* 2006 a, Kap. 78, S. 1). Daher ist ein geeignetes „Sozialraum-Management" (ebd., S. 3) gefordert.

Erziehungshilfen des Achten Sozialgesetzbuches können von ambulanten bis stationären Maßnahmen reichen. Je nach festgestelltem Bedarf können die Erziehungsberechtigten Beratungen, aufsuchende Familienunterstützungen, einzelfallbezogene Hilfen (für das Kind/ den/die Jugendliche/n), gruppenbezogene Hilfen, wohngruppenspezifische Angebote oder Vollzeitpflegeplätze in Anspruch nehmen (vgl. *Blüml* 2006 a, Kap. 78, S. 3 ff.).

Kindler und *Spangler* greifen Erkenntnisse von Studien auf, die die Wirksamkeit von Hilfen zur Erziehung in Familien untersucht haben, in denen Kinder/Jugendliche durch ihre Eltern (wiederholte) kindeswohlgefährdende Momente erlebt haben. Dabei wurde festgestellt, dass intensive Hilfestellungen mit anleitendem Charakter bei der Bewältigung von Konfliktmomenten und bei der Förderung positiver Beziehungen zwischen

Eltern und ihren Kindern/Jugendlichen verhelfen. Dabei ist zu erwähnen, dass eine Erziehungshilfe flankierend zu weiteren Maßnahmen eingesetzt werden sollte, da die Ursache des schädigenden Verhaltens der Elternteile (bspw. Gewalt) zumeist anderweitig aufgearbeitet werden muss. Demnach sollte für Familien ein ausgebautes Hilfenetz geschaffen werden und keine Hilfemaßnahme für sich alleine stehen. Weiterhin zeigt sich in den Studien eine positive Wirksamkeit von Erziehungshilfen erst dann, wenn ihre Dauer ca. eineinhalb Jahre ist, die Familien vereinzelt in ihrem Lebensumfeld aufgesucht werden und eine genaue sowie umstandsbezogene Anleitung bei der Versorgung und Erziehung der Kinder/Jugendlichen erfolgt (vgl. 2006, Kap. 93, S. 2). Ein intensives Hilfenetz und die Veränderungsfähigkeit sowie -bereitschaft der Eltern sollen verhelfen, dass die Familien weiterhin zusammenleben können. Jedoch gilt es auch als Aufgabe der Fachkräfte, immer wieder einzuschätzen, welchem Gefährdungsrisiko die Kinder/Jugendlichen ausgesetzt sind und welche Sicherheit für sie gegeben ist. Hierfür müssen auch nach dem Einsatz ambulanter Hilfen die Tragweite der Einschränkungen der Eltern und die Notwendigkeit von (anderen) Hilfen eingeschätzt werden (vgl. ebd., S. 4 f.).

Familien können auch Hilfen zur Erziehung gem. §§ 27 ff. SGB VIII in Anspruch nehmen, ohne dass ihre Kinder/Jugendlichen in ihrem Wohl gefährdet sind. Demnach arbeitet der ASD/RSD sowohl mit Familien zusammen, die freiwillig Erziehungshilfen beantragen als auch mit denen Familien, die auf Grundlage einer Gefährdungseinschätzung Hilfen zur Erziehung in Anspruch nehmen. Für den weiteren Verlauf der Arbeit wird vor allem jedoch der Kinderschutzbereich schwerpunktmäßig unter die Lupe genommen und nun anhand eines Falls kritisch hinterfragt.

2.1.4 Kriterien von Fällen besonders schwerer Kindeswohlgefährdung am Beispiel des „Falls Kevin“

Im Folgenden wird exemplarisch ein Fall aufgegriffen, der innerhalb einer Kinderschutzfachbehörde sowie in der breiten Öffentlichkeit Bewegung auslöste. Mit den oben angebrachten Aufgaben und Zielstellungen der Kinderschutzfachbehörde soll der Fall beleuchtet und Schwerpunkte *besonders schwerer* Kindeswohlgefährdungen herausgearbeitet werden.

Diese sollen als vorbereitendes Material dafür dienen, was in weiteren Kapiteln aufgegriffen wird. Bekanntermaßen werden die offensichtlichen Fehler der Fachkräfte (besonders der fallzuständigen Fachkraft des Jugendamtes) Probleme innerhalb wie außerhalb der Behörde verursachen. Im Weiteren wird der Umgang der Fachbehörde mit den öffentlichen Reaktionen betrachtet werden. Mehrere Wissenschaftler*innen inspizierten den Fall im Nachgang noch einmal. Vorrangig mit dem Ziel, auf behördliche Versäumnisse aufmerksam zu machen, aber auch, um auf die Möglichkeit des Fehlerlernens hinzuweisen. Zu diesem Untersuchungsfall liegt daher ein Reservoir an wissenschaftlichen Beiträgen sowie Analysen vor. Viele Wissenschaftler*innen stellen den Fallverlauf noch einmal chronologisch dar. In dieser Arbeit wurde zur Charakterisierung der Kindeswohlgefährdung der in Auftrag gegebene Untersuchungsbericht herangezogen.

Vorangestellt wird zusammenfassend noch einmal erwähnt, was die Kriterien einer Kindeswohlgefährdung sind. Nämlich, wenn 1. eine Gefahr gegenwärtig existiert, 2. eine erhebliche Schädigung damit einhergeht und 3. diese Schädigung mit Sicherheit vorhersehbar ist (vgl. *Meysen/Schmid* 2006, Kap. 2., S. 5).

Eine Gefährdungseinschätzung zum Kindeswohl richtet sich immer an ein einzelnes Kind/Jugendliche/n. Eine augenblickliche Gefahr ist dann gegeben, wenn Eltern etwas Tun (gewalttätiges Verhalten) oder Unterlassen (Vernachlässigung), die aufgefundenen Lebensumstände des Kindes/ des/r Jugendlichen unzumutbar sind (bspw. fehlender Schlafplatz oder Lebensmittel) oder aber das Verhalten des Kindes/ des/r Jugendlichen selbst- oder fremdverletzende Handlungen aufzeigt. Vor allem die Relationen des Tuns oder Unterlassens unterscheiden sich in ihrer Auswirkung in den verschiedenen Altersgruppen der Kinder/Jugendlichen. So ist bspw. das Schütteln eines Säuglings erheblich gefährlicher als eines/r Jugendlichen. Infolgedessen wäre der Säugling bei Leib und Leben bedroht und unterläge einer erheblichen Schädigung seines Wohls. Mit hoher Wahrscheinlichkeit tritt in einem solchen Fall die Schädigung des Kindes sofort ein und eine gravierende Beeinträchtigung wäre höchstwahrscheinlich die Folge (vgl. ebd., S. 5 f.).

Während gewalttätiges Verhalten (Tun) für eine/n Jede/n sichtbarer ist als vernachlässigendes Verhalten (Unterlassen), wird an dieser Stelle Vernachlässigung noch einmal dargestellt. Es ist die Rede von dem (wiederholten) Ausbleiben behutsamer, liebevoller, verantwortungsvoller sowie fürsorglicher Verhaltensweisen der Eltern, was letztlich ein Risiko dafür ist, dass das Kind körperliche und/oder seelische Entwicklungsbeeinträchtigungen erleidet. Zumeist tritt Vernachlässigung schleichend in Erscheinung, anders als es bspw. bei körperlichen Gewalthandlungen wäre (plötzliches Auftreten). Deshalb weisen Wissenschaftler*innen darauf hin, dass Fachkräfte ein umfangreiches Verständnis von entwicklungspsychologischen Faktoren und Auswirkungen haben sollten. Auch braucht es ein Urteilsvermögen darüber, wie Verzögerungen in verschiedenen Entwicklungsphasen aussehen. Vernachlässigung kann auf verschiedenen Ebenen passieren, nämlich auf der erzieherischen, kognitiven, emotionalen oder körperlichen Ebene (vgl. *Kindler* 2006, Kap. 3., S. 1f.). Zurückblickend auf die Kategorien einer Kindeswohlgefährdung, kann bei einer Vernachlässigung nicht von einer akuten Gefährdung, sondern eher von einer anhaltenden Gefährdung ausgegangen werden. Deshalb wird an dieser Stelle angemerkt, dass beim Feststellen von Vernachlässigungen gegenüber einem Kind/ einem/r Jugendlichen kurzerhand Anregungen seitens der Fachkräfte erfolgen sollten, denn klar ist, dass beim Feststellen der Vernachlässigung das Kind/ der/die Jugendliche diese bereits seit längerer Zeit erfährt und Schädigungen mit Wahrscheinlichkeit eintreten werden.

Besonders schwerwiegend wird Misshandlung, Vernachlässigung und sexueller Missbrauch erlebt, weil die Gesundheit und Entwicklung des Kindes/ des/r Jugendlichen erheblich und nachwirkend beeinträchtigt wird. Das Kind/ der/die Jugendliche ist einer bedrohlichen Situation ausgesetzt, die selbst wenig bis gar nicht gesteuert werden kann. Die wichtigsten Bezugspersonen – die Eltern – sorgen dafür, dass sich der/die Minderjährige diesen beschwerlichen Gegebenheiten anpassen muss. Dieser Stress sorgt dafür, dass sich die altersgerechte Reife nicht ausreichend entwickeln kann. Es kann zu neuronalen Veränderungen im Gehirn kommen. Vor allem, wenn ein Kind in seiner frühsten Kindheit wiederholt traumatische Erfahrungen (bspw. Gewalt oder Vernachlässigung) macht, entstehen irreparable Schäden im Nervensystem. In dieser Folge kann es im Laufe des Lebens zu Veränderungen des genetischen Ablesens kommen, was bedeutet, dass frühere Umwelteinflüsse (bspw. Gewalt) spätere Verhaltensauffälligkeiten verursachen können (vgl. *Barth* 2022, S. 20 ff.).

Welche Relevanz haben die soeben genannten Punkte zu vernachlässigenden oder gewalttätigen Gefährdungsarten für den „Fall Kevin"?

Der Tod eines 2,5 Jahre alten Jungen im Jahr 2006 löste großes Erschrecken aus. Dieser Fall war von besonderer Tragik gekennzeichnet und deshalb als mediale Sensation öffentlich gemacht worden. Für dieses Geschehnis wurde in Deutschland erstmals ein Untersuchungsausschuss beauftragt, analytisch tätig zu werden. Er löste politische, sowie juristische Diskussionen aus und gilt deshalb als einer der einflussreichsten untersuchten Fälle der Jugendamtsarbeit (vgl. *Brandhorst* 2015, S. 65). Die Untersuchung sollte Aufschluss darüber geben, wer welche Verantwortung für den Tod des Kindes trägt. Die Ergebnisse der Untersuchung verbesserten im Nachgang die Kinderschutzarbeit im Jugendamt. *Fangerau*, *Fegert* und *Ziegenhain* kritisieren jedoch, dass durch Untersuchungsberichte eine Schuldsuche ausgelöst wird, die individuelles Versagen anvisieren und sich weniger auf die gesamte Fachbehörde oder das Zusammenspiel mehrerer Institutionen sowie Bedingungen konzentrieren (vgl. 2010, S. 186 f.). Der Untersuchungsbericht[1] im „Fall Kevin", welcher mehrere hundert Seiten lang ist, wurde dem Strafverfolgungsgericht vorgelegt. Die Ergebnisse besagen, dass dem Sozialarbeiter des Jugendamtes an mehreren Punkten massive Fehler nachgewiesen werden konnten. Bereits die Vorgeschichten der Mutter und des Ziehvaters machen deutlich, dass das Kind Kevin einem erheblichen Risiko einer Gefährdung ausgesetzt war. So wuchsen beide Elternteile selbst unter Umständen von familiären Tragödien auf. Bereits im Kindesalter begannen beide Drogen zu konsumieren und kriminell zu sein (vgl. *Bremische Bürgerschaft* 2007, S. 49). Die Mutter war zusätzlich an HIV und Hepatitis C erkrankt. Außerdem stellte sich erst nach dem Tod des Kindes mittels eines Gentests heraus, dass der Ziehvater nicht der leibliche Vater von Kevin ist. Davon wurde jedoch bis zum Tod des Kindes ausgegangen (vgl. *Fangerau/Fegert/Ziegenhain* 2010,

1 *Fangerau*, *Fegert* und *Ziegenhain* merken an, dass es zwei unabhängige Untersuchungen gegeben hat. Die eine durch den Staatsrat (Jurist) *Mäurer*, die andere durch einen *parlamentarischen Untersuchungsausschuss* (Letztere ist relevant für diese Arbeit) (vgl. 2010, S. 279).

S. 273). *Kindler* und *Reinhold* stellen dar, dass Kinder psychisch erkrankter Elternteile statistisch gesehen einem höheren Risiko einer Kindeswohlgefährdung ausgesetzt sind. Daher bedarf es vor allem in der Arbeit des Jugendamtes das Augenmerk auf die Problemsituation der Eltern zu legen. Wer selbst in seiner Kindheit Misshandlung, Vernachlässigung oder Missbrauch erfahren hat, ist im Erwachsenenleben mit höherer Wahrscheinlichkeit erziehungsbeeinträchtigt. Das ist damit zu begründen, dass kindliche Bedürfnisse falsch oder gar nicht wahrgenommen werden können und somit Reaktionen und Gefühle in der Erziehung beeinflusst werden. Verhaltensmuster beruhen auf tiefenpsychologischen Erlebnissen und sind deshalb ein eigenes Forschungsfeld. Kevins Mutter und sein Ziehvater bringen somit von Anfang an ein hohes Gefährdungsrisiko in ihre Elternverantwortung mit. Das muss durch Fachkräfte des Jugendamtes wahrgenommen und eingeschätzt werden können (vgl. 2006, Kap. 18, S. 1 f.).

Kevin wurde schließlich im Januar 2004 in Bremen geboren. Er kam als Frühchen in der 36. Schwangerschaftswoche auf die Welt. Bereits unmittelbar nach der Geburt wurden erste gesundheitliche Auffälligkeiten des Kindes (Entzugserscheinungen aufgrund der Drogenabhängigkeit seiner Mutter) diagnostiziert. Das Jugendamt lernte die Familie kennen, weil es durch den Sozialdienst der Klinik auf die Geburt des Kindes aufmerksam gemacht wurde. Erste Signale bestehender Hilfebedarfe wurden von Seiten der Klinik an das Jugendamt weitergeleitet. Es folgten mehrere interdisziplinäre Konferenzen, in welchen es über den weiteren Werdegang mit Hilfeangeboten für die Familie ging. Bereits sehr früh wurden Tendenzen seitens des medizinischen Personals angeschoben, dass Kevin bei seinen Elternteilen gefährdet ist. Vordergründig machte sich das darin deutlich, dass der Ziehvater wiederholt aggressiv aufgetreten war und beide Elternteile drogenabhängig waren. Seit das Hilfenetzwerk aus medizinischem, psychiatrischem und sozialpädagogischem Berufsfeld mit der Familie im Kontakt stand, wurden wiederholt Szenarien ersichtlich, die Risiken für kindeswohlgefährdende Momente mit sich zogen. Beim Lesen des Berichtes des Untersuchungsausschusses wird deutlich, dass sich die Elternteile nur scheinbar in einer Kooperation mit den Fachkräften befanden und zu wenig Kontrolle seitens des Jugendamtes erfolgte. Für das Kind kam es zu *Gefährdungsmomenten* wie das *Miterleben häuslicher Gewalt* (der Ziehvater zeigte sich mehrfach körperlich übergriffig auf die Kindesmutter), *mangelnder Gesundheitsfürsorge* (Ablehnung geeigneter gesundheitlicher Maßnahmen wie der Einsatz einer Familienhebamme durch die Elternteile), *körperlicher Misshandlung* (festgestellte Frakturen über einen längeren Zeitraum) und *Vernachlässigung* (wiederholte Aufsichtspflicht- und Fürsorgepflichtverletzung durch die Kindesmutter sowie mangelnde witterungsgerechte Kleidung und verwahrloster hygienischer Zustand des Kindes). *Risiken*, die zu den Gefährdungen führten oder dazu beigetragen haben, bestanden darin, dass die Elternteile sich nicht ausreichend um ihre Suchterkrankung/psychische Erkrankung bemüht haben, Straftaten durch sie begangen wurden und auch Verurteilungen erfolgten, eine Hilfeeinsicht durch die Elternteile nicht vorhanden war, massive Konflikte auf der Paarebene bestanden (mit mehreren Polizeieinsätzen), das Kind wiederholt Beziehungsabbrüche durch kurzzeitige Fremdunterbringungen oder Klinikaufenthalte erleben musste, eine erneute Schwangerschaft der Kindesmutter und eine spätere Totgeburt vorgelegen haben, gesundheitliche Einschränkungen bei der Kindesmutter gegeben waren, der Tot der Kindesmutter (womöglich sogar durch Gewalteinwirkungen des Ziehvaters) eingetreten war, die Übertragung des elterlichen Sorgerechts auf eine Vormundschaft stattfinden musste, die Elternteile nur mangelhaft absprachefähig waren, finanzielle Probleme vorlagen, ein fester Tagesablauf für das Kind nicht gegeben war und keine geeigneten Hilfemaßnahmen zu einer positiven Veränderung geführt haben. Das Kind zeigte in seinem *Erscheinungsbild* Auffälligkeiten, da es durch medizinisches Fachpersonal als nicht altersgerecht entwickelt beobachtet wurde. Kevin wirkte zu klein und motorisch eingeschränkt. Der Kinderkörper hatte zu mehreren Zeitpunkten Spuren gewalttätigen Handelns aufgezeigt. Ebenso wurden Unsicherheiten in seinem Verhalten sowie Verzögerungen in seinen Reaktionen gesehen worden. Dabei zeigte er meistens denselben Gesichtsausdruck und wirkte wenig lebhaft. Das Kind Kevin verstarb zwischen Ende März und April/Mai 2006[2]. Auch nach dem Todeszeit-

2 Hierzu liegen unterschiedliche Angaben vor. *Fangerau*, *Fegert* und *Ziegenhain* notierten bspw. ihren Recherchen zufolge einen Zeitraum zwischen Ende Juni/Anfang Juli 2006 (vgl. 2010, S. 273).

punkt war der Sozialarbeiter noch im schriftlichen und telefonischen Kontakt mit dem Ziehvater, jedoch ohne darauf zu bestehen, das Kind zu sehen. Der Ziehvater hielt die Fachkräfte ein halbes Jahr lang mit Ausreden fern. Erst Mitte September wurden die Lügen des Ziehvaters aufgedeckt. Jedoch zog es sich bis zum 10. Oktober 2006, bis das Kind tot aufgefunden wurde. Es sollte an diesem Tag zur Inobhutnahme kommen, die durch eine Gerichtsvollzieherin und die Polizei begleitet werden sollte. Es wurde dann jedoch festgestellt, dass sich das Kind tot im Tiefkühler des Ziehvaters befand und bereits seit Monaten nicht mehr am Leben war (vgl. *Bremische Bürgerschaft* 2007, S. 51–93).

Hinsichtlich des Berichtes wird deutlich, dass sich der zuständige Sozialarbeiter des Jugendamtes keinen hinreichenden eigenen Eindruck über die Gefährdungslage des Kindes gemacht hat. Vielmehr hat er die Aussagen der Elternteile als ausreichend angenommen. Vermeintlich war der Schein der Kooperation und eine fehlende Veränderungsfähigkeit durch ihn nicht wahrgenommen worden. Auch eine scheinbar unzureichende Dokumentation in der Fallakte führte dazu, dass bereits aufgetretene Gefährdungsmomente nicht erfasst wurden und deshalb das „Versagen" der Elternteile über den bereits gesamten Zeitverlauf nicht ausreichend ernstgenommen wurde. Auch ist erkennbar, dass keine erwartungsgemäße Kommunikation zwischen den tragenden Hilfeverantwortlichen und dem Jugendamt stattgefunden hat (zumindest laut Dokumentation in der Fallakte nicht). Fraglich ist, warum der zuständige Sozialarbeiter (scheinbar) alleine in diesem Fall tätig war und es in der Fachbehörde nicht aufgefallen war, dass der Fallverlauf von Anfang an besonders schädigend für das Kind war. An mehreren Stellen dieses Kinderschutzverfahrens wäre eine Inobhutnahme rechtswirksam gewesen (vor allem nach offensichtlichen Merkmalen durch z. B. Frakturen des Kindes). Mehrmals schätzten Fachkräfte verschiedener Disziplinen ein, dass sie das Wohl des Kindes gefährdet sehen. Warum wurde nicht mit dem härtesten Mittel der Inobhutnahme gem. § 42 SGB VIII und der (längerfristigen) Fremdunterbringung des Kindes gem. § 27 i. V. m. § 33 oder § 34 SGB VIII reagiert? Warum wurden so viele Warnsignale und Gefährdungslagen nicht als Anlass genommen, das Kind vor seiner Mutter und seinem Ziehvater zu schützen? Warum musste das Kind sterben? Tatsächlich sind das die Fragen, die die Öffentlichkeit und somit auch die Medien beschäftigt haben. Das Jugendamt hat dem Anschein nach schwerwiegende Fehler gemacht und letztlich den Tod des Kindes zu verantworten.

Das Kind Kevin litt unter *besonders schwerer* Kindeswohlgefährdung, da das Elternverhalten für ihn bereits vor seiner Geburt begonnen, über den gesamten Zeitraum seines Lebens angehalten hat und er aufgrund seines Alters keine Chance hatte, sich der Situation zu entziehen. Er war wiederholt diversen Gefährdungsmomenten ausgeliefert, die ihn mit Sicherheit auf lange Sicht irreparabel geschädigt hätten (vgl. *Barth* 2022, S. 21).

Brandhorst untersuchte u. a. die mediale Darstellung des Falls in der Öffentlichkeit. Er stellt fest, dass die Medien in ihren Berichterstattungen die Sicht der Sozialen Arbeit wenig berücksichtigen, vielmehr die politischen und juristischen Sektoren zu Wort kommen. Dieser Fall verkörpert für die Medien einen Höhepunkt des Aufsehens: Ein einzelnes Kind, welches unter staatlicher Fürsorge stand, war wegen unzureichendem Schutz durch das Jugendamt zu Tode gekommen. Dieser Fall bietet den Medien deshalb Angriffsfläche Fehler vorzuhalten und einen öffentlichen Diskurs herbeizuführen (vgl. 2015, S. 68 f.).

2.2 Öffentlichkeit und Medien

Inzwischen wurde ein gemeinsames Verständnis dafür geschaffen, was das Jugendamt für Aufgaben zu erledigen hat und was Kriterien von Fällen besonders schwerer Kindeswohlgefährdung sind. Wie bei der Ausführung des „Falls Kevin“ angerissen, soll der Bogen hin zur medialen Darstellung erfolgen. Es soll ein Überblick gegeben werden, was unter der Öffentlichkeit sowie den Medien zu verstehen ist und warum diese ein Interesse daran haben, dass Fälle besonders schwerer Kindeswohlgefährdung publik gemacht werden. Insgesamt liegen wenig wissenschaftliche Erkenntnisse vor, wie Jugendämter mit medialem Aufkommen umgehen. Dass ein öffentlicher, negativer Aufschrei allerdings eine unbeliebte Situation ist, versteht sich von selbst. Aus einer solchen Situation möchten alle Betroffenen so schnell und schadenfrei wie möglich wieder herauskommen. Deshalb ist es wichtig, sich mit nachfolgenden Themenschwerpunkten inhaltlich vertraut zu machen und zu verstehen, was die Anliegen aller sind. Bestenfalls führt das dazu, neue Erkenntnisse zu gewinnen, die im Umgang mit unübersichtlichen Unterfangen hilfreich sein können.

2.2.1 Öffentlichkeit und Medien – Wer und was gehört dazu?

Die Öffentlichkeit bietet ein zugängliches Feld, in welchem ein Austausch stattfindet. Hierbei gibt es Akteur*innen und außenstehende Betrachter*innen (vgl. *Brandhorst* 2015, S. 49 f.). Die Soziale Arbeit hat geschichtlich gesehen einen öffentlichen Ursprung. Sie findet ihre Daseinsberechtigung im Gesetz wieder und ist deshalb politisch gewollt. Der Staat nimmt wissentlich eine Verantwortungsmacht auf sich, indem er die Kinder- und Jugendhilfe mit einem Erziehungsauftrag ausstattet. Er definiert sich für die Gesellschaft als Dienstleister sowie Kontroll- und Schutzinstanz in Angelegenheiten der Erziehungsaufgaben (vgl. *Enders* 2013, S. 22 ff.). Damit ist das Jugendamt ein Teil des öffentlichen Feldes und der Begutachtung aller Teilhabenden.

Es wird unterschieden zwischen dem Bereich des Individuums in seiner privaten Sphäre und dem öffentlichen Raum, in welchem „alle privat-autonom konstituierten Subjekte partizipieren (sollen)" (ebd., S. 29). Privates und Öffentliches stehen somit in Wechselwirkung zueinander und jede*r Einzelne trägt dazu bei, in welcher Dynamik sich die Öffentlichkeit zeigt.

Wenn sich bestimmte Themen im öffentlichen Raum wiederholen, dann bilden sich Meinungen heraus. Die Herausforderung der Sprechenden in der Öffentlichkeit ist deshalb, für alle verständlich zu sein. Somit haben Vertreter*innen der Massenmedien (Journalist*innen/Medienvertreter*innen) zum Ziel, strategisch zu agieren, um die höchstmögliche Aufmerksamkeit der Außenstehenden zu erlangen (vgl. ebd., S. 31 f.).

*Was ist Journalist*innen demzufolge wichtig? Worauf achten sie?*

Besonders, wenn ein Jugendamt in einer Krise steckt, sollte der erste Schritt von der Betroffenenseite gemacht werden, ansonsten recherchieren Journalist*innen erst recht. Fehlen den Medienberichterstattenden Informationen, dann suchen sie danach und schaffen sich eigene Zusammenhänge.

Journalist*innen bearbeiten Themen zeitnah und kritisch. Sie haben dafür auch eine gesetzliche Grundlage, der sie folgen. Auftrag der Pressearbeiter*innen ist, sowohl von Neuheiten zu berichten als auch kritische Arbeit in der Öffentlichkeit zu leisten. Dabei sollen Berichterstattungen einen aufklärenden Charakter haben und letztlich zum Meinungsbild der Gesellschaft beitragen. Die Öffentlichkeit hat ein Recht auf Informationen und Journalist*innen erfüllen dieses Recht. Sie erwarten eine auskunftsfähige Kontaktperson zu haben, um über diese ihre Informationen sammeln zu können. Die Informationen müssen umfassend, klar, zuverlässig und wahrheitsgetreu sein. Journalist*innen zählen auf Details und Fakten, und zwar nicht stückchenweise (das würde im Krisenfall außerdem ein negatives Bild abgeben). Sie „geben erst dann Ruhe", wenn sie genug Informationen haben (*vgl. Konken* 2009, S. 32 ff.). Merkt der/die Medienvertreter*in, dass in einem „Fall Versäumnisse vorliegen, die möglicherweise auch vertuscht werden sollten" (ebd. S. 38), dann arbeitet er/sie oft im „Bereich der persuasiven Texte" (ebd.). Mit einer persuasiven Sprache würde die Intention verfolgt werden, in der Öffentlichkeit Überzeugungsarbeit zu leisten (vgl. ebd.). „Je stärker ein Thema mit Tabus behaftet ist, desto größer ist der Reiz sie zu enttabuisieren. Durch die Enttabuisierung werden moralische Diskurse ermöglicht, die moralisches Handeln unterbrechen […]" (*Burkhardt* 2011, S. 140). Journalist*innen nehmen ihre Arbeit auf, sobald sie von einem bedeutenden Ereignis erfahren haben. Bspw. wenn, wie im oben angebrachten Fall, ein Kind zu Tode gekommen ist und sich herausstellt, dass über Jahre hinweg Fehler im Hintergrund der Behörde gemacht wurden. Bestimmte Themenbereiche scheinen für die Öffentlichkeit eine besondere Anerkennung zu bekommen und sind deshalb geradezu interessant: bspw. Kuriosität, Konflikt, Humor, Tragödie, Abenteuer, Kinder, … Wenn sich dann auch noch mehrere Themenbereiche in einem Bericht wiederfinden, steigt das Interesse an einem solchen Artikel/Bericht. Versäumtes oder Misslungenes ist besonders bedeutend für den Journalismus, weil das für die Öffentlichkeit wesentlich zu erfahren ist (vgl. *Konken* 2009, S. 37 ff.). „Feuer bringt naturgemäß mehr Aufmerksamkeit als Blumen. Gefahr ist evolutionsbedingt der effektivste Aufmerksamkeitstrigger. Kein Wunder also, dass Medien immer schon auf Krisen vorbereitet sind: Sie leben davon" (*Brückner* 2019, S. 66).

Journalist*innen möchten ihre Berichte schnell veröffentlichen. Der Faktor Zeit kann deshalb große Hektik auslösen. Der Druck wird durch die vorhandene Konkurrenz (Gesamtheit der Redakteur*innen) aufgebaut. Journalist*innen setzen die Befragten unter Druck, fragen nach Details und versuchen Widersprüche einzufangen. Dabei gilt es auf Seiten der Fachkräfte des Jugendamtes stets den Datenschutz zu wahren – siehe Kapitel 4.2.3. Das Mitteilungsanliegen von Jugendämtern über innerbehördliche Umstände bleibt zumeist unberücksichtigt, wenn in der Öffentlichkeit von einer besonders schweren Kindeswohlgefährdung berichtet wird. In erster Linie möchten die Medien das Informationsinteresse der Gesellschaft bedienen und nicht die Anliegen der Mitarbeitenden erfüllen (vgl. *Berth* 2015, S. 66 f.).

Medien haben nicht nur den Auftrag die Gesellschaft über Ereignisse zu informieren oder anzuregen, welches Verhalten sozial erwünscht oder nicht erwünscht ist, sondern auch Einfluss auf das politische Gebilde zu nehmen. Mediale Berichte, vor allem mit negativer Emotionalität, zielen auf die moralischen Verhaltenskodexe der Gesellschaft ab und regen deshalb zur Auseinandersetzung für ein soziales Miteinander an (vgl. *Burkhardt* 2011, S. 150 ff.). Bekanntermaßen haben sich der Medienkonsum und das Angebot an medialen Nutzarten in den letzten Jahren um einiges erhöht. Der Zugang zur Mediennutzung ist niedrigschwelliger und schneller geworden. Das Medienkonsumalter hat sich verringert (vgl. *Blöbaum* 2022, S. 143 f.). Dadurch wird eine viel breitere Masse der Gesellschaft in wesentlich kürzerer Zeit von Neuigkeiten unterrichtet, als es noch vor einigen Jahren der Fall war. Die Reaktionszeit hat sich dadurch erheblich verringert.

2.2.2 Mediale Darstellung des Jugendamtes – Ein Blick in die Studie der TU Ilmenau

Im Falle des Bekanntwerdens eines dramatischen Kinderschutzfalles, werden die Ursache oder Verantwortlichkeit oft den Jugendämtern oder einzelnen Mitarbeitenden zugeschrieben. Es gilt jedoch zu beachten, dass öffentlich Geschildertes mitunter nicht äquivalent zu den inneren Geschehnissen sein muss (vgl. *Rothenberger et al.* 2017, S. 2).

Eine Studie der TU Ilmenau (*Rothenberger et al.* 2017) zeigt Ergebnisse einer Querschnittsbefragung von Jugendamtsmitarbeitenden und Medienberichterstattenden. Es wurde sich die Frage gestellt, wie Jugendämter in den Medien dargestellt werden. Dafür wurden Artikel medialer Berichterstattungen ausgewertet.

Hier werden die Ergebnisse zusammengefasst wiedergegeben:

- Mediale Berichterstattungen sind häufig auf einen Einzelfall ausgerichtet und geben überwiegend negative Inhalte wieder.
- Jugendämter werden größtenteils der Beschuldigtenrolle zugeordnet und die Fachexpertise der Mitarbeitenden bleibt oftmals unberücksichtigt. Es wurde festgestellt, dass es eher eine Berücksichtigung dessen gibt, wenn das Jugendamt selbst öffentlich auftritt und sich zu einem Sachverhalt äußert.
- Zwischen den Medien und den einzelnen Behörden findet wenig Kommunikation statt. Es wird beobachtet, dass dadurch der Wissensaustausch fehlt und Spannungsfelder entstehen.
- Die medialen Berichterstattungen sind häufig zusammenhangslos und stellen wenig Bezug zur Fachbehörde her.
- Medien berichten primär von Fällen sexuellen Missbrauchs. Sie werden im Zusammenhang mit gesellschaftlichen Problemen repräsentiert.
- Politische Menschen und Bürger*innen haben auf lokaler Ebene einen größeren Einfluss auf mediale Berichterstattungen und lenken diese mit. Dabei haben sie oft wenig bis kein Vorwissen der Umstände in der jeweiligen Fachbehörde.
- Lediglich in 9 % aller untersuchten medialen Artikel dieser Studie wurde mit direkter Informationsgabe durch das Jugendamt ein Bericht verfasst.
- In 38 % aller Berichterstattungen wurden Einzelfälle von Kindeswohlgefährdungen abgebildet.
- Jugendämter erhalten in den meisten Fällen eine helfende Rollenzuschreibung. Jedoch wurde ihnen in mehr als der Hälfte der Berichterstattungen, die auf negative Beispiele eingehen, ein zu spätes Handeln vorgeworfen.

- Die Krisenursache und Verantwortung eines Fallausgangs liegt laut Berichterstattenden häufig bei den Jugendämtern selbst (vgl. *Rothenberger et al.* 2017, S. 6 ff.).
- Die Studie bildet auch ab, wie sich Mitarbeitende deutscher Jugendämter selbst in der Öffentlichkeit wahrnehmen. Sie geht darauf ein, ob sich die Selbstwahrnehmung mit der Intension der Berichterstattenden deckt oder davon abweicht.
- Jugendamtsmitarbeitende fühlen sich fast immer für eine Krisensituation verantwortlich gemacht. Jedoch sagen Medienberichterstattende, dass sie nicht nur die Mitarbeitenden der Jugendämter in der Verantwortung sehen, sondern auch Zusammenhänge in anderen – auch externen – Umständen darstellen.
- Mitarbeitende der Jugendämter sind der Meinung, dass sie gute Krisenkommunikation leisten. Sie seien transparent und authentisch. Medienberichterstattende widersprechen dem und erklären, dass sie Jugendämter wenig preisgebend erleben (auch aufgrund ihrer Schweigepflichtbindung). Aufklärungen würden allerdings helfen, Krisen nachvollziehbar erklären zu können. Geheimhaltung steht für Medienberichterstattende für Intransparenz.
- Mitarbeitende der Jugendämter sehen das Problem der strukturellen Gegebenheiten in ihrer Fachbehörde von den Medienberichterstattenden als realistisch dargestellt.
- Jugendamtsmitarbeitende fühlen sich öffentlich überwiegend negativ dargestellt. Wohingegen Medienberichterstattende der Meinung sind, dass sie viele Berichte veröffentlichen, die auf neutraler Ebene die Aufgaben und Leistungen der Jugendämter beschreiben.
- Mitarbeitende der Jugendämter haben aus Berichterstattungen den Eindruck gewonnen, dass sie in ihrer Fachexpertise kein ausreichendes Gehör finden und wenig als Informationsquelle genutzt werden. Sie stellen fest, dass sie zumeist erst dann von medialer Seite aufgesucht werden, wenn es zu einem Krisenfall gekommen ist, nicht aber, um Einblicke in die alltägliche überlastete Arbeit geben zu können (vgl. *Rothenberger et al.* 2017, S. 105 ff.).

Zusammengefasst lässt sich festhalten, dass die öffentliche Darstellung und eigene Wahrnehmung von Mitarbeitenden der Jugendämter in den meisten Punkten nicht übereinstimmen. Mitarbeitende der Jugendämter empfinden Krisendarstellungen einseitig und mit wenig Wissen und Expertise gefüllt. Die Auswertung der Studie erweckt den Anschein, dass Fehlermachen Angst auslöst und zu Verschlossenheit führt. *Ackermann* greift Untersuchungen auf, die zeigen, dass Jugendämter Fehler machen. Sie überlassen oft den Eltern/Personensorgeberechtigten die Entscheidung, ob sie Erziehungshilfen annehmen oder nicht. Auch dann, wenn die Fachkräfte selbst einen Handlungsbedarf innerhalb der Familie erkennen. Auf der anderen Seite würden Hilfearten ohne genauere Prüfung im Vorfeld eingesetzt werden und verfehlen ggf. den Bedarf. Weiterhin wurde festgestellt, dass die Wirksamkeit von Hilfen durch die Fachkräfte zu wenig überprüft wird. All das sind mögliche Fehlerquellen im Umgang mit problematischen Fallverläufen, die dementsprechend von den Medien aufgegriffen und somit auch öffentlich gemacht werden. Häufig wird das Versagen eines/r einzelnen fallführenden Sozialarbeitenden öffentlich dargestellt, was von dem/r Mitarbeitenden als Bloßstellen wahrgenommen wird. Deshalb wird hier ein Zusammenhang darin gesehen, dass negative Fallverläufe, die öffentlich aufgegriffen werden, zu einem angstbesetzten Unterfangen werden. Es kommen Befürchtungen auf, strafrechtlich zur Verantwortung gezogen werden zu können. Nicht zuletzt deshalb beobachten Wissenschaftler*innen einen Trend hin zum Selbstschutz. Eine Reaktion könnte deshalb sein, zu Maßnahmen, wie präventive Inobhutnahmen Minderjähriger, zu greifen (vgl. 2017, S. 55 ff.).

Nicht zuletzt wegen Kinderschutzverläufen wie der oben genannte „Fall Kevin" hat das Thema Kinderschutz in der Öffentlichkeit einen hohen Stellenwert eingenommen. Die Bedeutung, die hinter der Begrifflichkeit des Kinderschutzes steckt, wird auseinandergenommen und der Gesellschaft vorgehalten (vgl. *Brandhorst* 2015, S. 25).

Insgesamt lässt sich feststellen, dass Jugendämter und Öffentlichkeit nicht voneinander zu trennen sind. Das Kapitel hat deutlich genug gemacht, dass Medienberichterstattende die Jugendämter auch in Zukunft nicht in Ruhe lassen werden, sodass der Handlungsbedarf besteht, sich der Kommunikation mit diesen zu öffnen. Jugendämter sind dazu angehalten, zum einen die Interessen der Gesellschaft wahrzunehmen, zum anderen eigene Handlungssicherheiten zu erlangen, dass im Fall der Fälle die Glaubwürdigkeit zur eigenen sozialpädagogischen Haltung in der Öffentlichkeit standhält. Fehler einzelner oder mehrerer Mitarbeitenden müssen aufgeklärt und wieder geradegerückt werden. Solchen Situationen gilt es tatkräftig, aber auch überdacht entgegenzutreten. Dabei sind die neuen Erkenntnisse in den Erfahrungsschatz der Fachbehörde einzubetten.

Nun soll im weiteren Kapitel geklärt werden, was Krisensituationen für ein Jugendamt sind. Der unglückliche Ausgang des „Falls Kevin" spielt dabei weiterhin eine Rolle. Es soll aber auch das theoretische Verständnis einer Krise ausgeführt werden.

3 Krisensituation eines Jugendamtes erkennen und verstehen

Jugendämter sind heutzutage mehr in den Fokus der Öffentlichkeit und Medien gerückt als es noch vor einigen Jahren der Fall war. Das Amt bekommt plötzlich große journalistische Aufmerksamkeit, wenn Folgen von Kindeswohlgefährdungen auffallen (vgl. *Berth* 2015, S. 66). Das kann sowohl inner- als auch außerbehördliche Unruhen und Unsicherheiten auslösen. Schlagartig wird von den Beteiligten der Fachbehörde eine Krisensituation vernommen, die es zu bewältigen gilt.

Noch im Kapitel zuvor wurde dargelegt, dass das Jugendamt mit seinen Aufgaben und seiner Rolle eine öffentliche Verantwortung trägt. Das bedeutet, es soll seinen Auftrag im Sinne des Gesetzes erfüllen, ohne dass jemand zu Schaden kommt. Es wurde verdeutlicht, dass die Öffentlichkeit ihr wesentliches Augenmerk auf verdeckte, nicht ordnungsgemäß abgelaufene Vorgehensweisen legt. Journalist*innen finden diese Lücken, wenn sie danach suchen. Und das tun sie, wenn bspw. ein verfehlter Kinderschutz nach außen sichtbar wird.

Im Folgenden soll geklärt werden, was es mit Krisen auf sich hat und welche Bedeutung sie für die Kinderschutzbehörde haben oder haben können.

3.1 Krise – Was ist das?

Krisen „sind hochgradig ambivalente Situationen, die mit geringer Wahrscheinlichkeit eintreten und potenziell schwere Folgen nach sich ziehen" (*Löffelholz/Schwarz* 2022, S. 965). Personen, die öffentliche Aufgaben übernehmen oder durch ihre Aktivitäten in der Öffentlichkeit stehen, sind geradezu anfällig dafür in eine Krise zu geraten. Durch heutzutage verbreitete öffentliche Kommunikationsmöglichkeiten, wie Social Media o. Ä., kann eine Krise zusätzlichen Auftrieb erhalten und in ihrer Intensität zu wachsen beginnen (vgl. *Bachmann/Ternès von Hattburg* 2021, S. 26). Dabei sind Krisen zeitlich begrenzt und verlangen eine sofortige Intervention durch die Betroffenen (bspw. Fachbehörde) selbst (vgl. *Löffelholz/Schwarz* 2022, S. 965). Wie lange eine Krise tatsächlich anhält und welchen Ausgang die Krisensituation nimmt, lässt sich im Voraus nicht einschätzen (vgl. *Merten* 2014, S. 156). Der Krisenmoment wird als Negativereignis eingestuft, da er bis zu den Legitimationsgründen der Behörde vordringt. Deren Arbeitsmaxime wird kritisch hinterfragt und sich die Frage gestellt, ob eine effizientere Arbeitsweise die Krise hätte verhindern können (vgl. *Drews* 2018, S. 61). Krisen werden deshalb als eskalierende Situationen beschrieben, die durch bestimmte Attribute erkennbar sind. Durch das Aufkommen oder der Annahme eines Zwischenfalls kommt es zu einem Konflikt zwischen den verfolgten innerbehördlichen Zielen und dem öffentlichen Interesse. Die entstehende Dynamik greift somit den Ruf der Fachbehörde an und wirkt negativ auf den Arbeitsalltag ein (vgl. *Bachmann/Ternès von Hattburg* 2021, S. 27). Die Deutung des Ereignisses hängt von der jeweiligen Perspektive unterschiedlicher Systeme ab. So wird im journalistischen Kontext durchaus gerne nach Krisen gesucht (vgl. *Löffelholz/Schwarz* 2022, S. 965). Der Auslöser einer Krise kann sowohl in eigener oder fremder Verantwortung liegen (vgl. *Bachmann/Ternès von Hattburg* 2021, S. 27) und muss zunächst ergründet werden (vgl. *Merten* 2014, S. 157).

Krisen können unterschiedlich verlaufen und werden wie folgt abgebildet:

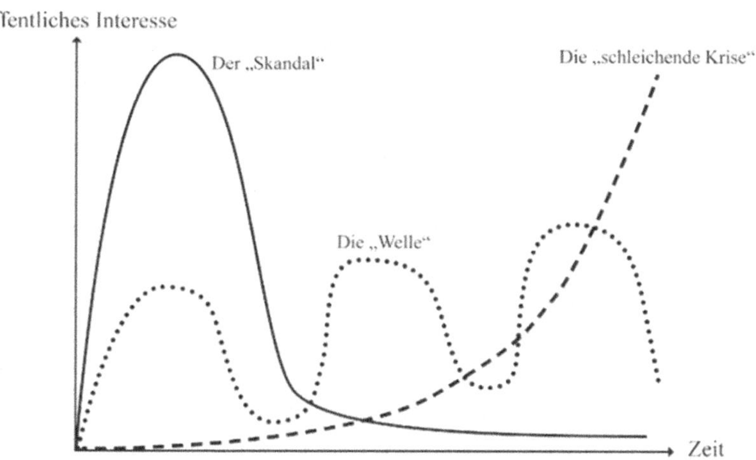

Abbildung 1: Krisenverlaufskurven. *Möhrle* in *Hahn* 2018, S. 43

„Auf der Basis eines sehr plötzlich eintretenden, sofort hohen öffentlichen Interesses innerhalb eines sehr kurzen Zeitraums entsteht die plötzliche Krise, auch ‚Skandal', Katastrophe oder eruptive Krise genannt“ (*Hahn* 2018, S. 42). Es wird auch dann von einem Skandal gesprochen, wenn menschliches Fehlverhalten oder Versagen erkennbar wird (vgl. *Merten* 2014, S. 159). Dabei wird Skandalisierung als Kommunikationsmethode verstanden, die wegen einer Missachtung des sozialen Regelwerks eine öffentliche Reaktion auslöst (vgl. *Burkhardt* 2011, S. 131). Sofern ein Skandal in den Kontext der medialen Aufmerksamkeit gerät, unterscheidet *Burkhardt* in drei Bereiche: den Skandal als solches, den medialisierten Skandal und den Medienskandal. Skandale haben die Funktion, sich zwangsweise über Machtverteilungen zu verständigen. Dabei kann es sein, dass Medien selbst Skandale hervorrufen, indem sie bewusst soziale Attribute hervorbringen und ein Ereignis somit von der Außenwelt als Skandal eingestuft wird. Die drei Begrifflichkeiten unterscheiden sich insofern, dass Skandale ohne Medienberichterstattungen existieren können, medialisierte Skandale diejenigen existierenden Skandale sind, die von journalistischer Seite aufgegriffen werden und Medienskandale Skandale sind, die von den Medien selbst herbeigeführt werden. Damit werden je nach Ausdruck und Steuerung durch die Erzähler*innen des Ereignisses unterschiedliche Dimensionen der Öffentlichkeit erreicht (vgl. ebd., S. 131 ff.). Die Tragweite in die Öffentlichkeit hinein beeinflusst die Vertrauenswürdigkeit und kann dadurch sowohl verbessert, verschlechtert oder bestätigt werden (vgl. *Imhof* 2014, S. 72).

Die „schleichende Krise" impliziert, dass der bereits eingetretene Zustand im Vorfeld hätte gesehen werden können. Das öffentliche Interesse verharrt über einen längeren Zeitraum hinweg auf vergleichsweise niedrigem Niveau, wodurch die Dringlichkeit der Auseinandersetzung damit beiseitegeschoben wird. Die Eskalation des Problems tritt oftmals erst ein, wenn es durch mediale Enthüllungen ans Licht gebracht und thematisiert wird. Eine schleichende Krise, die rechtzeitig erkannt wird, eröffnet die Möglichkeit einer effektiven Steuerung und somit auch einer schrittweisen Milderung (vgl. *Hahn* 2018, S. 43 f.).

Die „Welle" verweist auf einen zyklisch wiederkehrenden Zustand, der durch das Wiederholen von verschiedenen problematischen Themen das öffentliche Interesse verstärkt. Dem kann durch rechtzeitiges Erkennen entgegengewirkt werden, bspw. indem das Thema von selbst öffentlich adressiert wird und gezielte Botschaften kommuniziert werden (vgl. *Hahn* 2018, S. 44).

Merten beschreibt eine Krise deshalb als eine unsichere Situation, weil sie sich als Unterbrechung eines strukturierten Ablaufs darstellt, wobei der Zeitpunkt, die Ursache, die Dauer und die Entwicklung zunächst Unbestimmte sind. Er sieht somit in einer Krise eine existierende Bedrohung, aus der Veränderungen für den Arbeitsalltag einhergehen (vgl. 2014, S. 159). Vertrauensverlust ist schneller hergestellt als Vertrauensaufbau, da normgerechtes Verhalten das gesellschaftliche Leben zusammenhält und negative Abweichungen als Störung aufgefasst werden (vgl. *Imhof* 2014, S. 73).

3.2 Bedeutung einer Krise für die Arbeit in der Fachbehörde

„Reputation schafft Vertrauen in funktionsadäquates, sozial korrektes und moralisch fundiertes Handeln und ist die Voraussetzung für legitime Machtdifferenziale“ (*Imhof* 2014, S. 76). Der Erhalt von Reputation (Vertrauenswürdigkeit) ist erstrebenswert, bleibt aber immer ein empfindlicher Schatz (vgl. ebd.).

Es wurde deutlich, dass Krisenverläufe zwar unterschiedlich sein können, sie jedoch durchweg ernstgenommen und angegangen werden sollten. Gleichwie eine Krise im Jugendamt entsteht, sie anzunehmen und verstehen zu lernen, sollte Kern der Verantwortungsbereitschaft einer jeden öffentlichen Stelle sein. Vor allem durch mediale Berichterstattungsmöglichkeiten wird ein Ereignis kurzerhand verbreitet und verschiedenen unbeeinflussbaren Interessen ausgesetzt. Die Richtung des Krisenausgangs kann somit nicht vorhergesagt werden, sollte deshalb aber auch nicht rücksichtslos hingenommen werden. Wer sich über die Krise bewusst wird, sich strategisch der Bewältigung wappnet und bereit ist, daraus zu lernen, steht einem durchdachten Krisenmanagement offen gegenüber. Welche Tragweite, Rolle und Bedeutung hat demzufolge eine Krise für die Kinderschutzfachbehörde? Wie wichtig ist der Erhalt des guten Rufs der Fachbehörde?

Krystek und *Lentz* hinterfragen, ob Krisen nicht tatsächlich auch ein „gängiger“ Prozess in der Arbeitswelt sind und heutzutage keine Besonderheit mehr darstellen würden (vgl. 2014, S. 32). Im Kontext der Kinder- und Jugendhilfe besteht eine erhöhte Wahrscheinlichkeit für das Auftreten von Krisen. Das grundlegende Spannungsfeld zwischen der Gewährleistung des Kinderschutzes und der Achtung der elterlichen Erziehungsbefugnis prognostiziert ein inhärentes Risiko (vgl. *Rothenberger et al.* 2016 a, S. 10). Ein Risiko drückt ein mögliches, zukünftiges Ereignis aus, welches mit einer unsicheren Wahrscheinlichkeit eintreten kann (vgl. *Brühwiler* 2016, S. 33). Es bildet das ab, was für einen Menschen als bedrohlich wahrgenommen wird. Dabei ist der Mensch als eigengeprägter Akteur der Gesellschaft Teil der Risikobewertung. Die Besonderheit eines Risikos liegt somit im Mittelpunkt von etwas Realem und Subjektivem (vgl. *Drews* 2018, S. 30 f.). Wer sich mit Krisen auseinandersetzt, sollte sich auch bewusst machen, welchen Risiken sie entstammen und wie sie gesteuert werden können. An dieser Stelle wird darauf hingewiesen, dass Risikomanagement als Führungsaufgabe ein weiteres weitreichendes Thema darstellt und in dieser Arbeit wenig Berücksichtigung finden kann. An späterer Stelle (Kapitel 3.3.1) wird jedoch noch einmal die Wichtigkeit der Auseinandersetzung mit dem Risikomanagement angebracht.

„Trotz hoher fachlicher Qualifikation, langjähriger Berufserfahrungen, etablierter Arbeitsabläufe und umfassender Präventionsmaßnahmen führt die Arbeit des Jugendamtes in diesem von Unsicherheiten geprägten Feld nicht immer zu den von den Mitarbeitenden angestrebten Ergebnis" (*Rothenberger et al.* 2016 a, S. 10). Entscheidungen beruhen auf Unsicherheiten und individuellen Vorerfahrungen (vgl. *Brühwiler* 2016, S. 27). Ähnlich wie in anderen Sektoren gesellschaftlicher Verantwortung, sind auch in der Arbeitsweise der Jugendämter Fehler unvermeidlich. Familien selbst stecken in Krisen und problematischen Situationen. Sie sind in solchen Umständen oft darauf angewiesen, die Unterstützung der Jugendämter zu erhalten, um ihre eigenen persönlichen Krisen zu bewältigen. Trotzdem gefährdet diese Form der Krise weder den Ruf der Fachbehörde noch wird sie nach außen sichtbar. In dieser Arbeit werden lediglich die Krisen berücksichtigt, die an die Öffentlichkeit gelangen, seien es Vorfälle wie Angriffe auf Jugendamtsmitarbeitende, sexuelle oder psychische Übergriffe von Fachkräften in Einrichtungen gegen Schutzbefohlene, öffentlich kritisierte Handlungen eines Jugendamtes (wie die vermeintlich ungerechtfertigte Herausnahme eines Kindes aus der Familie) oder im schlimmsten Fall, das Schädigen oder der Tod eines Kindes unter Aufsicht des Jugendamtes (wie im oben angebrachten Fall). Solche Krisensituationen sind selten, haben jedoch weitreichende Auswirkungen. Sie können die Arbeitskapazität erheblich beeinträchtigen und die Reputation uneingeschränkt beschädigen. Für solche Szenarien ist es von besonderer Bedeutung, dass Jugendämter sich mit Krisenmanagement vertraut machen und es als Instrument für sich nutzen. Infolgedessen sind Jugendämter dazu aufgefordert, ein Krisenkommunikationsmanagement zu etablieren. Hierbei wird nicht nur die Kommunikation während der unmittelbaren Krise betrachtet, sondern es werden auch die Phasen einbezogen, auf die Wissenschaftler*innen gemäß den Erkenntnissen des Kommunikationswissenschaftlers *Timothy Coombs* wiederholt verweisen (vgl. *Rothenberger et al.* 2016 a, S. 10 ff.) – siehe Kapitel 3.3.

Mit der besonders schweren Schädigung oder dem Tod eines Kindes/eines/r Jugendlichen im Zuständigkeitsbereich des/r Sozialarbeiter*in des Jugendamtes wird der Ausnahmezustand hervorgerufen. Diese besondere Situation hat in verschiedene Richtungen eine tragende Bedeutung und erfordert die Beleuchtung von unterschiedlichen Blickwinkeln. Das umfasst neben der medialen Aufmerksamkeit auch die eigene Betroffenheit des/r Sozialarbeiter*in, die Notwendigkeit der Zuwendung durch die Vorgesetzten, die ausgelöste juristische Strafermittlung, die Vernetzung mit anderen im Fall involvierten Institutionen sowie die Notwendigkeit der Weiterbegleitung der Familie. Nicht nur Außenstehende sind betroffen, auch in der Behörde wird Betroffenheit ausgelöst. Sofort werden sich selbst und durch andere Fragen gestellt, die die eigenen Handlungen hinterfragen. Die Vorgesetzten sind gleichwohl gefragt und sollten ihre Mitarbeitenden unterstützen, sich selbst und ihre Gefühlslage zu reflektieren. Neben dem stellen auch Kolleg*innen eine helfende Rolle dar. Im Rahmen dessen kann und soll auf rationaler Ebene der Fall aufgearbeitet und noch einmal durchgegangen werden, um eine Nachvollziehbarkeit des Handelns anhand der Dokumentationen und Entscheidungsbegründungen herzustellen. In diesem Zuge bedarf es das Transferieren des Falls von der emotionalen zurück auf die fachliche Ebene. Vor allem wegen der Strafverfolgung sollten die bestandenen/bestehenden Verantwortlichkeiten im Fall herausgearbeitet und zugeordnet werden, um darlegen zu können, wer für was zuständig war/ist. Neben dem/der Täter*in selbst (bspw. Eltern) wird auch die Haftbarkeit des/r Sozialarbeiter*in überprüft. Parallel zu diesem Prozess beteiligt sich die Öffentlichkeit und erwartet Antworten und Aufklärungen. Häufig ist die erste Reaktion von dieser, dass das Jugendamt aufgrund von Fehlverhalten versagt hat. Der Führungskraft kommt deshalb die Aufgabe zu, den/die Sozialarbeiter*in vor der Öffentlichkeit zu schützen und seinen/ihren Namen geheim zu halten (manchmal gibt es jedoch auch darauf keinen Einfluss). Wie letztlich die weitere Zusammenarbeit zwischen dem Jugendamt und der Familie aussehen kann, muss separat bewertet werden (vgl. *Wittner* 2006, Kap. 129, S. 1 ff.).

Krystek und *Lentz* machen deutlich, dass Krisenmanagement nur dann nützt, wenn alle Merkmale, Ursachen, Abläufe und Auswirkungen der aufgetretenen Krisen verständlich ergründet wurden (vgl. 2014, S. 50).

In der Fachbehörde liegt das Ziel zur Akzeptanz und Legitimation vor. Darüber wird ausgedrückt, wie sehr die Anspruchs- oder Interessensgruppen ihr Vertrauen entgegenbringen (vgl. *Hitschfeld/Krebber* 2021, S. 241). Die Bereitschaft der Behörde zur Auseinandersetzung mit einem Krisenmanagement sollte spätestens vor diesem Hintergrund als notwendig eingestuft werden.

Zusammengenommen bedarf die Pflege der Reputation einer permanenten innerbehördlichen Aufmerksamkeit. Über Reputation existiert eine Überzeugungs- und Legitimationsmacht (vgl. *Imhof* 2014, S. 79). Demzufolge ist das Bearbeiten von Krisen nicht für den einen kritischen Moment zu betrachten, sondern ein stetiger Prozess im Arbeitsalltag. Um Sicherheit zu erlangen, wie Krisen von Anfang bis Ende betrachtet werden können, soll das nächste Kapitel verhelfen. Erst wenn alle Eventualitäten einer Krisensituation herausgearbeitet wurden, kann sich die Behörde einer Krise unter medialem Einfluss stellen und ihr ohne Angst entgegentreten.

3.3 Krisenverständnis nach *T. Coombs* als Voraussetzung sicheren Handelns

In diesem Kapitel wird es um die Krisen(-bearbeitung) in ihren verschiedenen Phasen gehen. Es soll ein Verständnis dafür geschaffen werden, mit welchen Mitteln und Methoden eine Krise vorbereitet, bewerkstelligt und nachbereitet werden kann. Alle Phasen sind wichtig zu studieren, weil sie die Komplexität des Problems aufzeigen. Das gründliche Durchforsten dieses Kapitels soll dementsprechend dafür sorgen, dass sich der Erfahrungsschatz der Fachbehörde erweitert und jede aufkommende Krise, ob kleineren oder größeren Ausmaßes, mit Sicherheit durchlebt werden kann. Wenn Konfrontationsängste abgebaut werden, dann steigen die Bemühungen, sich nicht (mehr) zu verstecken, sondern bei Krisensituationen authentisch und vertrauenswürdig intern wie extern aufzutreten.

Coombs und *Tachkova* stellen dar, dass Krisen nur gemanagt werden können, wenn sie kompetent kommuniziert werden. Daher sehen sie die schwerpunktmäßige Aufgabe darin, die entfachte Situation mittels Kommunikation zu verbessern. Die Krisenkommunikationsforschung hat sich zum Ziel gemacht, das praktisch gelebte Krisenmanagement auf seine Wirksamkeit oder Unwirksamkeit zu überprüfen. Ausschlaggebend ist, praktisches Handeln nicht auf Annahmen beruhen zu lassen, sondern auf Grundlagen gefestigter Theorien und Daten abzuleiten (vgl. 2022, S. 3 ff.). *Coombs* beschäftigt sich bereits seit vielen Jahren als Wissenschaftler mit der Krisenforschung. Dabei hat er zu zentralen Erkenntnissen beigetragen, bspw. der Situational Crisis Communication Theory (SCCT). *Coombs* verbreitet sein Wissen international und trägt mit seiner Persönlichkeit zum erfolgreichen Krisenmanagement bei (vgl. 2015, S. 306). Weil diverse Wissenschaftler*innen wiederholt Ansätze von *Coombs* aufgreifen, wurde sich für diese Arbeit dafür entschieden, seine Erkenntnisse und Theorien einfließen zu lassen. Er beschreibt einzelne Phasen, auf die sich vorbereitet werden kann, um (möglichen) Konfrontationen mit Krisen standzuhalten. „The crisis management process is varied and requires the integration of knowledge from such diverse areas as small-group decision making, media relations, environmental scanning, risk assessment, crisis communication, crisis plan development, evaluation methods, disaster sociology, and reputation management" (*Coombs* 2015, S. 15). Allerdings werden die Komplexität und Theorielastigkeit dieses Forschungsfeldes in dieser Arbeit auf die wesentlichen sechs Phasen des Krisenmanagements heruntergebrochen. Alleine das Studieren der einzelnen Phasen zeigt, wieviel Materie in den Unterbereichen zu finden ist.

3.3.1 Die Phase des proaktiven Managements

Verbreitet ist ein aktives, weniger ein vorbeugendes Krisenverständnis. Jedoch sollte das oberste Ziel sein, Krisen zu verhindern. Somit bedarf es im Krisenmanagement proaktiv auf Krisen zuzugehen. Warnzeichen müssen rechtzeitig erkannt und mit Maßnahmen abgewendet werden, um letztlich einer Krise vorzubeugen. Verantwortliche benötigen ein Präventionskonzept für ihren Arbeitsbereich, welches die Warnsignale außerhalb wie innerhalb der Arbeitsumgebung frühzeitig erkennbar werden lassen. Diese Warnsignale werden auf ihre Gefährdung hin untersucht und bleiben permanent unter Beobachtung (vgl. *Coombs* 2015, S. 50). *Coombs* schlägt dafür drei proaktive Methoden vor: „issues management, reputation management, and risk management" (ebd.). Wird ein Problem erkannt, dann braucht es die Bemühungen dieses zu lösen. Hierbei spielt bereits die Kontaktaufnahme zu den Anspruchsgruppen (siehe Abb. 3), die in unterschiedlichen Dimensionen am Problem beteiligt sind, eine förderliche Rolle (*Problemmanagement).* Problemmanager*innen legen entsprechend fest, welche, wann und wie sie Informationen und Botschaften kommunizieren. Je nach Problemgewichtung gilt es mittels Kommunikationsstrategien für Klärung zu sorgen. Auch kann eine Problemlösung eine interne Veränderung bedeuten. Eine Krise kann demnach Anlass dafür sein, dass ein Problem hervorgerufen wird und gelöst werden muss. Das *Reputationsmanagement* untersucht die Bewertungen, die von Stakeholdern vorgenommen werden. Sie beurteilen die Fähigkeiten der Organisation (hier: Fachbehörde) und ob ihre Erwartungen durch diese erfüllt werden (vgl. *Coombs* 2015, S. 51 ff.). Dabei steht der Eindruck eines/r Einzelnen nicht alleine, sondern es geht um die Gesamtheit aller Eindrücke der Stakeholder (vgl. *Coombs/Tachkova* 2022, S. 16). Unter Stakeholdern sind alle diejenigen zusammengefasst, die mit der Organisation in Verbindung stehen, ein Interesse, Recht oder Anspruch gegenüber dieser haben. Entsprechend existiert eine gegenseitige Einflussnahme zwischen Organisation und Stakeholdern (andere Begrifflichkeit: Anspruchs- oder Interessensgruppen). Mit Maßnahmen kann ihre Bewertung beeinflusst werden. Weil Bewertungen auf Grundlage von Interaktionen und Beziehungen mit den Stakeholdern passieren, kann bspw. darüber agiert werden. Über die Reputation kann (vorsichtig) ausgesagt werden, wie gut die Organisation mit ihren Stakeholdern in Beziehung steht. Schließlich befasst sich das Reputationsmanagement damit, die Beziehung zwischen der Organisation und den Stakeholdern so zu steuern, dass darüber die positive Anerkennung nach Außen gesichert wird. Das zeigt die Rollenwichtigkeit der Stakeholder. Bezogen auf diese Arbeit sind Adressat*innen der Kinder- und Jugendhilfe als Stakeholder erster Linie und Journalist*innen als Stakeholder zweiter Linie gemeint. Beiden Anspruchsgruppen ist Aufmerksamkeit entgegenzurichten, da von beiden Reputationsschäden und somit auch Krisen ausgehen können. Medien haben durch das Aufdecken von Fehlern die Möglichkeit, Einfluss auf die Reputation der Fachbehörde zu nehmen (vgl. *Coombs* 2015, S. 54 ff.).

Mit dem dritten Handlungsbereich, dem *Risikomanagement*, sollen Schwachpunkte einer Organisation verkleinert werden, denn aus diesen können Krisen entstehen. Über die Bewertung dieser Schwachpunkte (oder Risiken) erfolgt das Einschätzen der einzutretenden Gefahren, bestimmt durch verschiedene Faktoren, wie Personal, Prozesse, Strukturen oder Kund*innen (vgl. ebd., S. 57 f.). „A crisis can be viewed as the manifestation of risk […]" (*Coombs/Tachkova* 2022, S. 13). Im „Fall Kevin" sind einige Risiken erkennbar gewesen. Die Problembelastung, die von Kevins Eltern von Anfang an ausging, zeigt eine enorme Unsicherheit für den Fallverlauf. Genauso muss sich gefragt werden, welche Prozesse und Strukturen innerhalb der Fachbehörde geherrscht haben, sodass der fallführende Sozialarbeiter über eine so lange Zeit wiederholt (unerkannt) Fehler gemacht hat. Spätestens im Nachhinein der Krisenbewältigung müssen die gesamten Risiken für die Behörde erkannt und aufgedeckt werden.

Der Prozess des praktischen Risikomanagements kann wie folgt dargestellt werden:

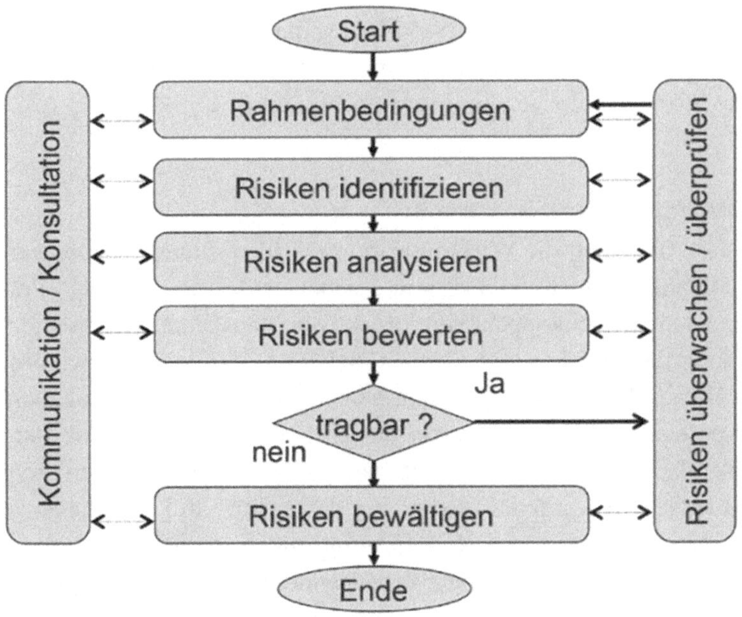

Abbildung 2: Risikomanagement-Prozess. *Brühwiler* 2016, S. 125

Die erkannten Risiken gilt es zu bewerten und durch Maßnahmen entweder zu beseitigen oder aber auf ein geringstes Level zu bringen. Wieder mittels Kommunikation kann dazu beigetragen werden, dass Stakeholder über vorherrschende Risiken informiert werden. Genauso sollte Stakeholdern Gehör geschenkt werden, anbringen zu können, was ihre Wahrnehmung dazu ist (vgl. *Coombs* 2015, S. 59 f.). *Brühwiler* hält die Risikokommunikation deshalb für sehr wichtig, da Risiken ein subjektives Empfinden sind. Die Einstellung eines Entscheidungsträgers (hier Fachbehörde) zu einem Risiko zeigt demnach auf, welche Haltung dahintersteckt. Wird dem Risiko eher ablehnend oder eingehend gegenübergestanden? (vgl. 2016, S. 125 f.).

Um den zeitlichen Unterschied zwischen Risiko- und Krisenkommunikation deutlich zu machen, fasst *Drews* zusammen, dass Risikokommunikation permanent erfolgt, während Krisenkommunikation lediglich während der anhaltenden Krise stattfindet. Aufgrund der Kontinuität in der Risikokommunikation entsteht ein proaktiver Charakter, Krisen angemessen vorzubeugen. Die permanente Bereitschaft nach außen hin zu kommunizieren, sorgt dafür, dass ein Dialog mit den Anspruchsgruppen eingegangen wurde und dieser bei möglicher Krisenkommunikation bereits Vertrauen aufbauen konnte (vgl. 2018, S. 66 f.).

3.3.2 Der Prozess der Krisenprävention

Prävention bedeutet, die Wirkung von etwas abzumildern. Dabei werden Maßnahmen zur Reduktion von gegebenen Gefahren verfolgt. Prävention ist nicht abzukoppeln vom proaktiven Management und seinen drei Handlungsbereichen (vgl. *Coombs* 2015, S. 64). Wie bereits durch proaktives Herangehen kenntlich gemacht, kann mittels Risikokommunikation einem potenziellen Krisenszenario präventiv entgegengewirkt werden. Die Öffentlichkeit kann durch vorab bereitgestellte Informationen sachgerecht aufgeklärt werden. Zudem kann der positive Ruf und die Sorgfaltspflicht durch proaktive Krisenkommunikation aufrechterhalten werden. Die Anwendung interner, vorbeugender Kommunikationsgrundsätze trägt maßgeblich zum Erfolg bei der Bewältigung einer Krise bei. Aus diesem Grund ist es von Bedeutung, zunächst die vorherrschende

Kommunikationskultur der Fachbehörde einer einhergehenden Untersuchung zu unterziehen (vgl. *Löffelholz/Schwarz* 2022, S. 968 ff.). Für eine *effektive interne Kommunikation* ist nämlich von wesentlicher Bedeutung, dass eine schnelle und reibungslose interne Weitergabe von Informationen im Falle einer Krise gewährleistet ist, um die Krise möglichst frühzeitig an der Wurzel zu packen. Eine Verdrängung aufkommender oder potenzieller Krisen sollte vermieden werden. Die vorhandene Diskussionskultur innerhalb der Fachbehörde bietet hierfür den Rahmen des Austausches. Die Mitarbeitenden benötigen die Möglichkeit und Zusicherung von den oberen Hierarchieebenen, eigene Fehler ansprechen zu können (Schaffung einer offenen Fehlerkultur). Weiterhin ist die Abstimmung zwischen der Jugendamtsleitung und der Pressestelle entscheidend, um eine erfolgreiche Öffentlichkeitsarbeit im Krisenfall sicherzustellen. Außerdem erweist sich die Etablierung eines dedizierten Krisenteams als hilfreich. Eine Schlüsselrolle in der Krisenprävention liegt darin, dass das Jugendamt in einem positiven Austausch mit Journalist*innen steht. Wenn ein kontinuierlicher Dialog besteht, nicht nur im Krisenfall, trägt dies zu einer erfolgreichen Kommunikation im Ernstfall bei. Die Öffentlichkeit sollte über die Aufgaben des Jugendamtes informiert werden. Das schafft Vertrauen und fördert eine positive Reputation. Das Jugendamt kann über Krisenrisiken informieren und auch darüber, wie sich bestehende prekäre Situationen auf die Arbeit auswirken (siehe proaktives Management mittels Risikokommunikation). Es macht deutlich, dass in diesem hochriskanten Arbeitsbereich das Auftreten einer Krisensituation nicht auszuschließen ist. Es kann bspw. erläutert werden, wie Entscheidungsprozesse im Bereich des Kinderschutzes ablaufen (vgl. *Rothenberger et al.* 2016 a, S. 17 ff.). Bei *Botschaften für die Öffentlichkeit* sind deshalb folgende Aspekte zu vermitteln:

- Glaubwürdigkeit: Die Botschaften sollten Vertrauen erwecken und auf verlässlichen Informationen basieren.
- Kompetenz: Die Übermittlung sollte Fachwissen und Kompetenz ausstrahlen, um das Vertrauen in die Absender*innen zu stärken.
- Konsistenz: Es ist wichtig, dass die Botschaften einheitlich sind und keine Widersprüche enthalten.

- Offenheit und Transparenz: Offenheit über die Situation und die getroffenen Maßnahmen trägt zur Vertrauensbildung bei.
- Verständlichkeit/gewählte Sprache: Die Botschaften sollten in einer klaren und verständlichen Sprache verfasst sein, die für die Zielgruppe angemessen ist.
- Wahrhaftigkeit und gute Absicht: Die Botschaften sollten ehrlich sein und die positiven Absichten des/r Absender*in verdeutlichen.
- sensibler Umgang mit Anspruchsgruppen: Es ist wichtig, die unterschiedlichen Bedürfnisse und Interessen der verschiedenen Anspruchsgruppen zu berücksichtigen und sensibel darauf einzugehen (vgl. *Rothenberger et al.* 2016 a, S. 26 f.).
- Knappheit: Die Botschaften sollten kurzgefasst sein, da das für ein besseres Verständnis sorgt und sich schneller einprägt (vgl. *Messer* 2019, S. 210).

Es sollte sich bewusst gemacht werden, welche Gruppen Anspruchsgruppen des Jugendamtes sind. Das spielt nicht nur bei der Entwicklung von Beziehungen eine Rolle, sondern dient auch der eigenen Orientierung hinsichtlich der Risikoeinschätzung für jede Gruppe. Außerdem wird hiermit verdeutlicht, welche Akteur*innen in der öffentlichen Kommunikation beteiligt sind und deshalb angemessen berücksichtigt werden sollten (vgl. *Rothenberger et al.* 2016 a, S. 27 f.). Nicht nur für die Kommunikation und Risikoeinschätzung spielen die Anspruchsgruppen eine Rolle, sondern sie sind auch potentiell beteiligte Akteur*innen des eigenen Fehlerlernens. Bspw. können ähnliche Organisationen (z. B. andere Jugendämter) als Informationsquelle eine wertvolle Ressource darstellen. Der Krisenumgang anderer kann für den eigenen Erfahrungsschatz interessant sein und sollte deshalb Beachtung finden. Es kann als Warnsignal dienen (vgl. *Coombs* 2015, S. 65).

Im Folgenden wird exemplarisch ein Anspruchsgruppenraster (Stakeholder) dargestellt:

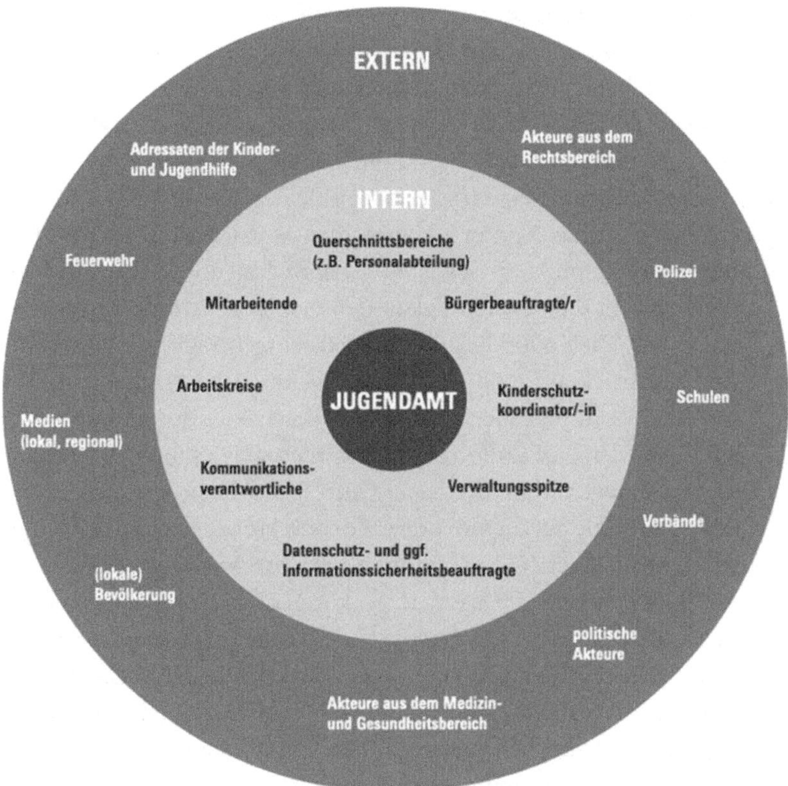

Abbildung 3: Anspruchsgruppenraster. *Rothenberger et al.* 2016 a, S. 29

Rothenberger et al. zeigen damit auf, wer alles im System Jugendamt mitgedacht werden sollte. Dabei wird zwischen internen und externen Anspruchsgruppen unterschieden. Nicht zuletzt deshalb werden die Kapitel 4.1 und 4.2 auf die Kommunikationskanäle innerhalb wie außerhalb der Fachbehörde abzielen. Die internen Anspruchsgruppen sind die Mitarbeitenden an sich, aber auch die einzelnen Gremien (bspw. verschiedene Arbeitskreise), Querschnittsbereiche (wie Personalabteilung) und Verantwortungsträger*innen (wie Datenschutzbeauftragte*r, Kommunikationsverantwortliche*r, Kinderschutzkoordinator*in, Verwaltungsspitze oder Bürgerbeauftragte*r). Weiterhin gilt es zusammenzuzählen, wer extern berücksichtigt werden sollte. Hier bringen *Rothenberger et al.* Beispiele zusammen, wie Akteur*innen aus dem Medizin-, Gesundheits- und Rechtsbereich, politische Akteur*innen, Verbände, Schulen, Polizei, Feuerwehr, sowie die Adressat*innen der Kinder- und Jugendhilfe, genauso auch die Medien und die lokale Bevölkerung (vgl. 2016 a, S. 29). Das Anspruchsgruppenraster ist beispielhaft für die Aufstellung des Jugendamtes in seiner Region zu betrachten. Je nach Umkreis und Einbettung in der Region können weitere Anspruchsgruppen relevant sein.

Coombs macht die Notwendigkeit deutlich, dass externe Anspruchsgruppen, wie Medien oder die lokale Bevölkerung (möglicherweise auch über den Ausdruck auf mediale Weise) eigener „Überwachung" unterliegen sollten, denn hierüber können mögliche externe Anliegen wahrgenommen werden (vgl. 2015, S. 66). „The Internet is a source that organizations should not overlook" (*Coombs* 2015, S. 67). Die Herausforderung ist es, alle Daten, die auf diesem oder anderem Wege gesammelt wurden, zu analysieren. Dabei sollte gründlich mit verschiedenen Erhebungsinstrumenten vorgegangen werden. So können z. B. Medienartikel mit Hilfe einer Inhaltsanalyse interpretiert oder Umfragen sowie Interviews mit Anspruchsgruppen initiiert werden. Tatsächlich soll mit dem Sammeln und Auswerten dieser Informationen herausgefunden werden, ob es Hinweise auf eine (mögliche) Krise gibt. Durch das intensive Befassen mit Warnsignalen kann rechtzeitig erkannt werden, was sich wie auf die Organisation (Fachbehörde) auswirkt. Folglich soll prognostiziert werden, ob das Risiko das Ergreifen von Maßnahmen zur Reduktion der Bedrohung braucht oder nicht. Manche Maßnahmen stellen sich als wirksam heraus, andere wiederum verstärken das Problem oder riskieren andere Unsicherheiten und benötigen eine erneute Anpassung. Veränderungen sind demnach nicht gleich unveränderbare, bessere Zustände, sondern sie unterliegen einer permanenten Wandlung und Beobachtung (vgl. ebd., S. 73 ff.).

„Stakeholders who control essential resources or can form coalitions have strong power" (ebd., S. 77). Letztlich kann daraus abgeleitet werden, dass die Anspruchsgruppen einen wesentlichen Einfluss auf die Entwicklung von Krisen haben und sie der Schlüssel zur frühen Erkennung von Risiken sind. „The crisis-sensing mechanism can be viewed as a knowledge management" (ebd., S. 79). Über den „Fall Kevin" kann sich heute ein Urteil darüber erlaubt werden, an welchen Stellen vor und während des Fallverlaufs hätte präventiv interveniert werden können. Somit lohnt es sich, wenn sich Jugendämter Krisenfälle wie diese genauer anschauen und herausfinden, wo frühwarnende Signale zu finden sind. Sie können diese dann mithilfe verschiedener Erhebungsinstrumente auf die eigenen Risiken und Anspruchsgruppen hin analysieren, mit eigenen Maßnahmen versehen und als Wissen abspeichern.

3.3.3 Die Phase der Krisenvorbereitung

Meistens wird erst dann ein Krisenkonzept entwickelt, wenn eine Krise bereits passiert ist. Folgen von Krisen können jedoch verheerend sein. Daher ist es vorteilhafter von Fehlern anderer zu lernen, als erst eigene Fehler machen zu müssen (vgl. *Coombs/Tachkova* 2022, S. 35). Angesichts der Notwendigkeit, im Fall einer akuten Krise schnell handeln zu müssen, ist es von Vorzug, bereits im Voraus das erarbeitete Krisenkonzept entwickelt zu haben. Darin werden Verantwortlichkeiten festgelegt und Hintergrundinformationen bereitgestellt. Zudem können durch Schulungen der Umgang mit Krisen und dem ausgearbeiteten Krisenkonzept geübt werden (vgl. *Löffelholz/Schwarz* 2022, S. 970).

Interne Verantwortlichkeiten/Zuständigkeiten sollten vor Eintritt einer Krise bereits klar definiert worden sein – ein Punkt, den Jugendämter bisher noch nicht ausreichend beachten. Dabei können die folgenden Werkzeuge entscheidend sein, um sich auf den Ernstfall einzustellen:

- Das aufgestellte *Krisenteam* verfolgt das Ziel, Informationen zu bündeln und sowohl intern als auch extern Schritte zu koordinieren.
- Ein *Krisenkommunikationsplan* wird etabliert, um Verantwortlichkeiten festzulegen, vollständige Kontaktlisten vorzubereiten und Verfahrensschritte übersichtlich zu visualisieren.
- *Krisen- und Medientrainings* werden durchgeführt, um die zuvor festgelegten Abläufe und Zuständigkeiten einer Krisensituation zu erproben und ein Szenario von Anfang bis Ende zu durchlaufen.
- *Online- und Veröffentlichungsinstrumente* werden vorbereitet, um im Krisenfall schnell Informationen für die Öffentlichkeit bereit-

stellen zu können, ohne erst eine formelle Grundlage dafür schaffen zu müssen.

Ein effizientes Krisenteam sollte folgende Mitglieder permanent einschließen: Vertreter*innen aus der Führungsebene (z. B. die Jugendamtsleitung als strategische Leitungsperson), den/die Vorgesetzte/n der Sozialarbeitenden des ASD/RSD und ggf. eine/n Sozialarbeiter*in aus dem Team (um fachliches Wissen auf operativer Ebene zu gewährleisten und um die Fallarbeit übernehmen zu können), eine/n Pressesprecher*in (für die Kommunikation) sowie eine/n Protokollführer*in (zur rechtssicheren Dokumentation aller Entscheidungen und Maßnahmen). Der Krisenkommunikationsplan gewährleistet eine sachliche Auseinandersetzung im Krisenfall, da Abläufe und Maßnahmen bereits im Vorfeld festgelegt und nicht ad hoc beschlossen werden. Dabei ist es wichtig, Raum für Flexibilität in den Handlungen zu bewahren. Es empfiehlt sich, in der Planung klare Meldeketten zu definieren und den Ablauf zu strukturieren (vgl. *Rothenberger et al.* 2016 a, S. 31 ff.). Das Krisenteam benötigt Informationen darüber, welche Krisen(typen) in dem Fachbereich auftreten können und welche Präventionsmaßnahmen bereits getroffen wurden. Der Krisenplan stellt für *Coombs* lediglich einen Überblick dar, nicht ein stringentes Handlungsmuster. Er ist der Meinung, dass die Zusammenstellung des Krisenteams so geregelt sein sollte, dass es entsprechend den Krisenarten agieren kann. Ein Mitglied des Krisenstabs sollte nicht nur aufgrund seiner Funktionalität gewählt werden, sondern auch ein bestimmtes Profil mitbringen, was sich für die Krisenarbeit bewährt. So werden Kompetenzen im sprachlichen Umgang, in der Teamfähigkeit und Lösungsorientierung sowie in der Stressresistenz benötigt (vgl. 2015, S. 90 ff.).

Krisen- und Medientrainings sind ein nicht zu unterschätzender Bestandteil der Krisenvorbereitung, da hiermit geübt werden kann, auf welche Herausforderungen es in der Kommunikation ankommt. Im Fall der Fälle muss schnell und sicher kommuniziert werden. Dabei kann es zu vielen Fehlern kommen. Wenn ein Krisenszenario jedoch im Voraus durchgespielt wird, dann werden die internen Interaktionen überarbeitet und sicherer. In den Trainings geht es nicht darum, so viele Informationen wie möglich preisgeben zu lernen, sondern zu klären, wie Botschaften nach außen vermittelt werden und welche Fallen durch journalistisches Handeln auf die Verantwortlichen treffen können. Journalist*innen treten konsequent und unverhofft auf. Sie überraschen mit spontaner Kontaktaufnahme und möchten zu Informationen gelangen. Es kann Jede*n der Arbeitsstelle treffen von Medienvertreter*innen aufgesucht zu werden. Daher gilt es auch diejenigen mit einem Medientraining zu sensibilisieren, die nicht in der Sprechverantwortung sind. Das gesamte Auftreten gegenüber der Öffentlichkeit spielt eine große Rolle. Dabei kommt es nicht nur auf das Gesagte an, sondern es geht auch um den Ausdruck – Mimiken und Gestiken – den Medienvertreter*innen gegenüber. Jede*r Teilnehmer*in des Trainings wird auf seine/ihre Rolle hingewiesen und erhält Wissen darüber, worauf sich eingestellt werden muss. Insgesamt sollen für alle die Einflussnahme und die Minimierung des Krisenausmaßes erzielt, interne Rahmenbedingungen geklärt und mögliche Auswirkungen von Gesagtem verstanden werden. Zusätzlich bietet das Training die Möglichkeit, dass sich der Krisenstab formiert und übt (vgl. *Messer* 2019, S. 201 ff.). Ein Krisenteam muss erst durch und in Trainings lernen, seine Funktion auszubilden und anzuwenden (vgl. *Coombs* 2015, S. 98).

Im „Fall Kevin" wurde deutlich, dass Jugendämter in Krisen geraten können, denen menschliches Versagen vorgeworfen wird. „Contextual amplifiers are elements that help to raise a crisis from common to extreme" (*Coombs/Tachkova* 2022, S. 41). Daher erfordert es sich klar zu machen, welcher Krisentyp welchen Schaden mit sich bringen kann. Dabei kann die Interpretation von der Fachbehörde und den Stakeholdern unterschiedlich ausfallen. Daran festgemacht kann Rückschluss auf die Krisenverantwortung gezogen werden (vgl. ebd., S. 38 ff.). Eine Krise, wie der „Fall Kevin" ausgelöst hat, wäre vermeidbar gewesen. Die Anspruchsgruppen sehen die Verantwortung eindeutig bei der Fachbehörde. Daher hat diese Art der Krise ein besonders schweres Ausmaß erreicht. Sind bereits öfter Krisen in der Organisation/Fachbehörde aufgetreten, dann erhöht sich entsprechend auch die Zuschreibung der Verantwortlichkeit durch die Stakeholder (vgl. ebd., S. 40). Aus diesem Grund sollte sich ein Überblick verschafft werden, welche Krisenart welche Auswirkung und Eintrittswahrscheinlichkeit hat. Die Reaktion auf die verschiedenen Krisenarten kann vergleichsweise unterschiedlich sein, weil es darauf ankommt, welche

Anspruchsgruppen betroffen sind. Dabei muss nicht für jede Eventualität ein eigenes Krisenkonzept geschrieben werden. *Coombs* geht es lediglich um das Erfassen sowie Bewusstmachen der verschiedenen Krisentypen und deren Auswirkungen (vgl. 2015, S. 88 ff.).

3.3.4 Die Phase der Krisenanerkennung

Es existieren nicht nur die offensichtlichen Krisen. Vielmehr gilt es auch die versteckten Krisen zu entdecken. Dafür muss es ein Einvernehmen darüber geben, ob etwas als Krise anerkannt wird oder nicht (vgl. *Coombs* 2015, S. 135). „A situation becomes a crisis when key stakeholders agree it is a crisis" (ebd.). Wird eine Situation übereinstimmend als Krise und nicht „nur" als Problem erklärt, dann verändert sich der Blickwinkel auf die Herangehensweise der Bewältigung dieser Situation. Somit sieht *Coombs* auch die Verantwortung im Krisenteam, überzeugend aufzutreten und eine Situation tatsächlich als Krise zu deklarieren, wenn Anhaltspunkte dafür gesammelt wurden. Denn erst wenn Informationen beschafft und verarbeitet wurden, entsteht Wissen. Und das führt schlussendlich zu einem *Situationsbewusstsein*. Das ist die Voraussetzung dafür, erforderliche und angemessene Entscheidungen treffen zu können. Das Krisenteam kann erst über diese Erkenntnisse Prognosen zu den Krisenauswirkungen geben und entsprechende Maßnahmen zur Bewältigung ableiten. Wie bereits im Kapitel 3.1 definiert, stellt eine Krise ein Ereignis mit einem auslösenden Moment dar. Entsprechend liegen dem Krisenteam sowohl bekannte als auch unbekannte Faktoren über das Geschehnis vor. Bekannt müsste sein, wie mit dem erstellten Krisenplan umgegangen wird und weiterhin, was an Erkenntnissen von bereits eigen oder fremd bewältigten Krisen vorliegt. Was unbekannt ist, ist das, was für diese Krise benötigt wird. Dementsprechend müssen diese Informationen gesammelt werden, um den Zustand des Situationsbewusstseins zu erreichen. Die Informationsbeschaffung dafür sollte geordnet erfolgen. Mögliche Quellen für die entscheidenden Informationen sollte das Krisenteam schon vor einem Kriseneintritt kennen und zur weiteren Wissensverwendung gesammelt haben. Die Sammlung wird mit weiteren Erfahrungen stetig erweitert (vgl. ebd., S. 136 ff.).

Im „Fall Kevin“ wird deutlich, dass die Phase der Krisenanerkennung erst im Nachhinein erfolgt ist. Weder in der Anbahnung der Krise noch im Prozess der Krisensituation wurde verstanden, dass es sich tatsächlich um eine Krise handelt. Erst nach dem Tod und dem öffentlichen Interesse daran, wurde bewusst, dass das Jugendamt mit diesem Ereignis in einer Krisensituation steckt. Wäre jedoch an Punkten, die viel eher in der Fallarbeit aufgekommen sind, angeknüpft worden, dann hätte auch an diesen Stellen bereits eine Krisensituation erkannt werden müssen. Fehlende interdisziplinäre Lösungen zur Verbesserung der Umstände des Kindes sind Information genug, um die Situation von einem Problem loszulösen, hin zu einer Krisenbewältigung zu lenken. Das rechtzeitige Anpacken an der Wurzel wurde versäumt oder gar nicht erst wahrgenommen. Das Situationsbewusstsein wurde erst nach dem Eintreten des schlimmsten Fallausgangs (dem Tod) erreicht.

3.3.5 Die Reaktion auf die Krise

Beim Auftreten einer Krise soll verhindert werden, dass sich die Auswirkungen auf unbeteiligte Bereiche ausbreiten, und es soll darauf geachtet werden, dass der Krisenzeitraum möglichst kurz gehalten wird. Dafür spielen Kommunikationsabläufe eine besondere Bedeutung (vgl. *Coombs* 2015, S. 157). Für die Krisenbearbeitung im Akutfall sollten deshalb Kommunikationsstrategien ausgearbeitet sein. Außerdem hilft es, auf bereits geknüpfte Beziehungen und Kontakte zurückgreifen zu können. Es ist angebracht, sich bewusst zu machen, wie die Öffentlichkeit die Verantwortlichkeiten wahrnimmt und wie diese intern wahrgenommen werden. Hierbei gilt es auch die entstehenden Emotionen innerhalb der Fachbehörde zu berücksichtigen, um (weitere) Fehler, die in dieser Situation als „ungeschickt“ erachtet werden könnten, zu vermeiden (vgl. *Löffelholz/Schwarz* 2022, S. 971 ff.).

„Eine umfassende und schnelle Dokumentation des Krisenfalls ist die Voraussetzung für die Kommunikation in der akuten Krisenphase“ (*Rothenberger et al.* 2016 a, S. 49). Sowohl die externe Kommunikation als auch die Bewältigung des internen Arbeitsklimas müssen berücksichtigt werden. Im Falle einer Krise ist es von vorrangiger Bedeutung, das etablierte Krisen-

team umgehend einzuberufen. Die Kontaktdaten der ständigen Mitglieder sind im Kommunikationsplan festgehalten. In einer gemeinsamen Sitzung wird abgewogen, welches Risiko vorliegt und wie dringend Handlungsbedarf besteht. Sollte sich herausstellen, dass es sich um eine „ernsthafte" Krise handelt, ist es wesentlich, dass diese Einschätzung von allen Beteiligten, insbesondere den höheren Hierarchieebenen, geteilt und entsprechend angegangen wird. Es ist ratsam, bereits in einem frühen Stadium eine Erklärung gegenüber den Medien abzugeben, zumindest um zu bestätigen, dass es eine Krise gibt, wer die Ansprechpersonen sind und dass eine interne Untersuchung stattfinden wird. Dabei sollte auf Bewertungen verzichtet werden. Die Dokumentation rund um die Krise wird kontinuierlich und gewissenhaft fortgeführt. Es sollte als selbstverständlich betrachtet werden, auch Medienanfragen angemessen schriftlich zu erfassen (vgl. ebd., S. 49 f.).

Krisenzeiten sind stressige Zeiten und Stress vermindert die Aufnahmefähigkeit (vgl. *Coombs* 2015, S. 158). Steht bei dem/der verantwortlichen Sprecher*in der öffentliche Auftritt an, bspw. durch ein Interview, dann kommt es auf eine präzise gewählte Sprache an, die für jede Anspruchsgruppe verständlich sein soll (vgl. *Schmid-Egger* 2013, S. 77). „Sprache beeinflusst unser Denken und Handeln. Sie ist ein machtvolles Instrument, […]" (*Schach* 2019, S. 235). Daher sollten kalkulierte Botschaften vermittelt werden. Wer an die Öffentlichkeit herantritt, muss vorab durchdacht haben, wie er/sie selbst wirken möchte. Es gilt zu klären, wie das äußere Erscheinungsbild und auch der dargestellte Charakter sein sollen. Genauso muss bedacht werden, welche der Botschaften in diesem Moment wesentlich für die Öffentlichkeit sind und was die eigenen Anliegen zu diesem Sachverhalt sein mögen (vgl. *Schmid-Egger* 2013, S. 98 ff.). An dieser Stelle wird auch auf das Kapitel 4.2.3 verwiesen, in welchem die Achtung des Sozialdatenschutzes eine Rolle spielt. Es kann sich außerdem über die Arbeit hinaus noch intensiver mit dem Umgang der Sprache beschäftigt werden. Die wissenschaftliche Fachwelt bietet eine unzählige Menge an Materialien, wie sich mit der eigenen Sprache und Kommunikation auseinandergesetzt werden kann.

Durch die Schnelllebigkeit des Internets und der Medienberichterstattungen kommt es recht häufig dazu, dass die Öffentlichkeit zuerst durch Medien informiert wurde, bevor eine offizielle eigene Bekanntgabe zu einem krisenhaften Sachverhalt eingeräumt werden konnte. Die Reaktion des Krisenteams sollte dann unmittelbar auf die Medienberichterstattung erfolgen. Die Dringlichkeit erhöht zwar die Fehleranfälligkeit, allerdings werden Informationslücken gefüllt und mögliche Gerüchte oder Spekulationen beiseite geräumt. Zusätzlich lässt eine erste Reaktion auf eine Krise den Eindruck erwecken, selbst die Kontrolle über den Krisenverlauf behalten und den Prozess mitbestimmen zu wollen. Eine Reaktion drückt deshalb Handlungsfähigkeit und -wille aus, was schließlich das glaubwürdige Auftreten unterstützt (vgl. *Coombs* 2015, S. 158 ff.). „Therefore we can conclude that a quick response does have reputational protection benefits" (ebd., S. 160). Mitunter birgt Schnelligkeit Gefahren. Manche Kriseninformationen brauchen Zeit, bis sie gesammelt wurden. Die Abwägung der Informationsbereitstellung kommt also auch auf die Art und des Ausmaßes von Krisen an (vgl. ebd.).

Die folgende Darstellung veranschaulicht die Interventionsmöglichkeiten in der Krise, bezogen auf die Reputationssicherung:

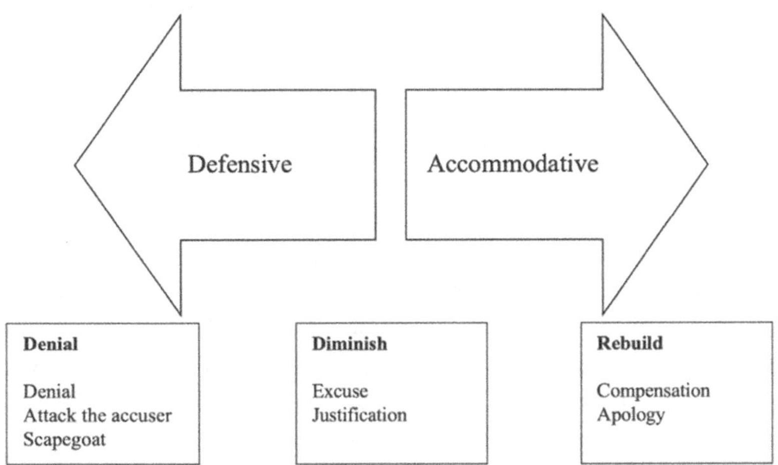

Abbildung 4: Krisenreaktion in Bezug auf Reputationssicherung. *Coombs/Tachkova* 2022, S. 29

Durch Krisenkommunikation möchte auf die Reputation Einfluss genommen werden. Hierzu gibt es verschiedene Strategien (siehe Abb. 4).

Sofern die Krise geleugnet oder die Verantwortung anderen zugeschrieben wird, sind die Ergebnisse entweder wirkungslos oder sogar schädlich. Wird über das Finden von Ausreden versucht die Krisenverantwortung zu verringern, dann hat das eine geringe bis keine Bedeutung für das Sichern oder Wiederherstellen der Reputation. *Coombs* macht deshalb deutlich, dass die größte Chance der Reputationssicherung darin besteht, wenn sich umso entgegenkommender verhalten wird, je größer das Ausmaß der Krise eingeschätzt wird. Es kann mit Entschädigung bzw. mit Entschuldigung reagiert werden. Mit diesen Reaktionen wird Verantwortung übernommen und der Ruf der Organisation (hier Fachbehörde) gesichert oder wiederhergestellt (vgl. *Coombs/Tachkova* 2022, S. 29 f.). Eine Krise kann auch vor dem Bekanntwerden durch Medien durch sich selbst öffentlich gemacht werden. Diese Art der Krisenintervention kann als „Stealing thunder“ (ebd., S. 30), oder sinngemäß „den Donner stehlen“, bezeichnet werden. Mit dem vorzeitigen Herantreten an die Öffentlichkeit werden Fehler eingeräumt. Wer sich entschließt wegen eigenen Versäumnissen eine Krise öffentlich bekannt zu geben, der zeigt verantwortungsvolles und ethisches Handeln. Es sind je nach Schwere des Versagens zwar Reputationsschäden zu erwarten, diese würden jedoch geringer ausfallen, als wenn das problematische Ereignis auf andere Art ans Licht kommen und womöglich als Verschleierung interpretiert werden würde. Zudem wird signalisiert, dass die Anspruchsgruppen im Vordergrund stehen. Doch auch weiterhin gilt die Beachtung: Kommunikation ist das wesentliche Instrument der Krisenintervention, jedoch nicht die Lösung für alles. Die dargestellten möglichen Wege zur Krisenintervention können eine positive Wirkung erzielen, doch es gibt auch Krisen, die in ihrer Form derart schwerwiegend sind, dass eine Schadensfreiheit unrealistisch ist. Krisen bleiben komplex und ein Teil von den individuellen Perspektiven der Anspruchsgruppen (vgl. ebd., S. 30 ff.).

Wird der „Fall Kevin“ nach *Coombs* Verständnis eingeordnet, dann hat die Krisenreaktion erst im Nachgang des extremsten Ausgangs des Falls stattgefunden. Erst wegen des juristischen Aufklärens des Geschehnisses kam es zu Maßnahmen und Konsequenzen als Reaktion auf das Krisengeschehen. So kam es zu Amtsniederlegungen auf lokaler politischer Seite, zu selbst beantragten Disziplinarverfahren, zu personellen

Neuaufstellungen in der Führungsebene auf behördlicher Seite sowie zur Schaffung neuer Stellen, um der Personalknappheit und somit dem Arbeitsdruck entgegenzuwirken. Der Arzt durfte keine Substitutionsbehandlungen mehr ausüben und strafrechtliche Ermittlungsverfahren gegen die Hauptverantwortlichen (Ziehvater als Täter und fallführender Sozialarbeiter sowie Amtsvormundschaft als fachbehördliche Aufsicht zum Kinderschutz) wurden eingeleitet. Innerbehördlich wurden strukturelle Anpassungen vorgenommen und vorgegeben, engmaschiger die Umfelder der Kinder in Risikofamilien zu kontrollieren. So sollten bspw. durch Hausbesuche die Kindeswohlgefährdungen aktueller riskanter Fälle überprüft werden. Im Speziellen kam es zur besonderen innerbehördlichen Aufmerksamkeit zum Umgang mit drogenabhängigen Eltern(teilen), weiterhin zur Notwendigkeit der Durchführung von Qualifizierungsmaßnahmen für die Mitarbeitenden des Kinderschutzfachbereiches sowie die Nachschulung der Führungskräfte als Dienst- und Fachaufsicht. Durch sie soll mehr Kontrolle bei der Fallführung ausgeübt und eine kollegiale Fallberatung regelmäßig ermöglicht werden. Es wurde festgestellt, dass es klare Vorgaben braucht, wie der Schutzauftrag gem. § 8a SGB VIII einheitlich zu erfüllen ist. Auch die Erreichbarkeit des Jugendamtes sollte durch eine Notfallnummer einfacher gestaltet werden. Zudem wurde als Maßnahme beschlossen, die freien Träger in ihrer Leistungserbringung auf ihre Qualität und Wirksamkeit hin zu überprüfen (vgl. *Bremische Bürgerschaft* 2007, S. 324 ff.).

Die getroffenen Maßnahmen spiegeln die Dimension der Krisenauswirkungen wider. Alle getroffenen/beschlossenen Maßnahmen als Reaktion auf die Krisensituation zeigen, wie viele Regelungen und Standards gefehlt haben, sodass solche gravierenden Fehler erst passieren konnten. Daher bleibt der „Fall Kevin" ein Wegbereiter von Veränderungen/Verbesserungen der Fallarbeit der Jugendämter. Maßnahmen zu beschließen sind deshalb so wichtig, weil der Öffentlichkeit eine Ernsthaftigkeit der Situation dargelegt wird.

3.3.6 Die Krisennachbereitung

> „Organizational learning applies to effort where individuals and collectives in organizations (authorities, companies, and so on) gain knowledge from the past in order to deal with the present, or use knowledge from an earlier crisis when managing a new crisis, especially to correct previous shortcomings and mistakes.“
> (*Larsson* 2010, S. 714).

Es ist erforderlich, das konzeptionelle Vorgehen zur Bewältigung von Krisen zu analysieren. Die angewendeten Werkzeuge, Bewältigungsstrategien sowie Kommunikationsansätze sollten einer Bewertung unterzogen werden. In dieser Phase ist es auch empfehlenswert, Gespräche mit relevanten Akteur*innen zu führen. Abschließend können Schlussfolgerungen gezogen werden, um aus den Erfahrungen für zukünftige Krisensituationen zu lernen und den Erfolg der Krisenbewältigung zu gewährleisten oder gar zu steigern (vgl. *Löffelholz/Schwarz* 2022, S. 974 f.). Daher ist diese Lernphase im Kontext der Krisenbewältigung äußerst bedeutsam. Um den Lernprozess zu initiieren, ist die Bereitschaft erforderlich, Strukturen und Prozesse kritisch zu überdenken und Veränderungen zuzulassen. Die Kultur des Umgangs mit Fehlern sollte transparent gestaltet sein. Es könnte den Fortschritt des Lernens hemmen, wenn Mitarbeitende die Krise herunterspielen oder versuchen, Fehler bei anderen zu finden. Falls die Krise dazu geführt hat, dass strukturelle oder prozessuale Veränderungen innerhalb der Fachbehörde erforderlich sind, muss in Betracht gezogen werden, dass diese nicht auf eine bestimmte Abteilung beschränkt bleiben, sondern die gesamte Behörde umfassen sollten. Es könnte möglicherweise notwendig sein, gewohnte Routinen aufzugeben, um die Veränderung erfolgreich einzuführen. Die Nachbereitung der Krise schließt auch die erneute Zusammenkunft des Krisenteams ein, um die Dokumentationen und Ergebnisse gemeinsam zu bewerten. Bei umfangreichen Krisensituationen könnte es angebracht sein, externe Unterstützung für diesen Prozess einzubeziehen. Schlussendlich kann die Bewertung der öffentlichen Meinung reflektiert werden, um auch die eigene Kommunikationsstrategie beurteilen zu können (vgl. *Rothenberger et al.* 2016 a, S. 77 f.). Es ist von Relevanz, ein Verständnis für journalistisches Verhalten zu entwickeln und die Bedeutung im Umgang mit Berichterstattenden wahrnehmen zu können (vgl. *Berth* 2015, S. 69). Hierfür kann eine Analyse erfolgen, welche Medienarten auf welche Weise berichtet haben. Wie wurden die Informationen durch die Medien an die Öffentlichkeit vermittelt? Welche Wirkung haben sie dabei bei den Anspruchsgruppen erzielt? (vgl. *Coombs* 2015, S. 198).

Eine insgesamt kritische Auseinandersetzung mit der Krisensituation sollte zwingend vorgenommen werden. Nur darüber kann eine Bilanz gezogen werden, inwiefern es überhaupt erst zu solch einem Krisenereignis kommen konnte und auch, um darüber auszuwerten, wie die Krisenbewältigung funktioniert hat. Hat das Krisenteam seine Aufgaben erfüllen können? Wie gelang die Kommunikation nach innen und nach außen? Wie war die zeitliche Abfolge der Krisenbewältigung? Welche Erkenntnisse werden aus dem Austausch mit den Medien gewonnen? Alle Antworten sollen zu einer Verbesserung für künftige Krisensituationen führen (vgl. *Wiske* 2020, S. 22). Nach der Krise ist also vor der Krise, mit weiteren, neuen Erkenntnissen der letzten Krise. Allerdings ist nicht nur das Lernen für künftige Krisen in der Evaluationsphase relevant, sondern es muss auch weiterhin eine Beobachtung der getroffenen Maßnahmen der letzten Krise(n) erfolgen. *Coombs* bezeichnet das Lernen aus Krisen als Bewertungen der Krisenmanagementbemühungen. Der Krisenplan wird auf seine Wirksamkeit hin überprüft und der entstandene Schaden beurteilt. Daran festgemacht kann der Erfolg oder Misserfolg der Krisenbewältigung gemessen werden. Für diese Bewertung sollen wieder Daten gesammelt werden. Die Daten werden bspw. über die Anspruchsgruppen oder über die geführten Dokumentationen gewonnen. Auch der Blick externer Anspruchsgruppen ist dafür heranzuziehen. Die Datenlage sollte umfassend sein, um sich ein Gesamtbild der geleisteten Krisenarbeit machen zu können. Bei der Bewertung der Daten kann nach Stärken und Schwächen in den einzelnen durchlaufenen Krisenphasen unterschieden werden. Es wird sich darüber auch klären können, ob die Leistung des Krisenmanagements möglicherweise Schwachstellen auf struktureller oder menschlicher Ebene aufzeigt und Anpassungsbedarf zum Abbau der Schwächen besteht (vgl. 2015, S. 193 ff.).

Der „Fall Kevin" zeigt, dass auf der politischen sowie internen strukturellen Ebene Veränderungen vorgenommen wurden. Ein Krisenereignis kann *Larsson* zur Folge eben solche Veränderungsprozesse antreiben (vgl. 2010, S. 714).

Alle Erkenntnisse sollten in einem Abschlussbericht zusammenfassend dargestellt werden. Daraus ablesbar sind die effektiv gelungenen Handlungsschritte und bewährten Lösungen, hinderlichen und förderlichen Strukturen bei der Bewältigung der Krise sowie das Krisenausmaß. Das über den Krisenverlauf erworbene Wissen geht in das organisatorische Gedächtnis über und wird für zukünftige Handlungen verankert. Dabei kommt es nicht darauf an, in einer nächsten (möglichen) Krise genau nach dem dokumentierten Schema wieder vorzugehen, sondern aus den Lehren der letzten Krise(n) zu profitieren. Die Phase der Krisennachbereitung mündet wieder in frühere Phasen. So sollen Signale durch Nachbereitungen und fortlaufende Beobachtungen erkannt und sich fortlaufend auf weitere Krisen vorbereitet werden (vgl. *Coombs* 2015, S. 202 ff.). Die getroffenen Maßnahmen nach der Krise des „Falls Kevin" brauchen demzufolge permanente weitere Beobachtung und Anpassung. Mit dem Erlassen der Maßnahmen ist es nicht getan. Es besteht weiterhin das Risiko, dass es erneut zu einem solch tragischen Fall kommen kann. Solche Signale müssen jedoch rechtzeitig erkannt werden und bspw. nach dem Krisenverständnis von *Coombs* in ein integriertes Managementprogramm aufgenommen werden.

4 Unter medialem Einfluss Krisen managen und kommunizieren

> *„Das Wort Krise setzt sich im Chinesischen aus zwei Schriftzeichen zusammen – das eine bedeutet Gefahr und das andere Gelegenheit.“*
>
> *John F. Kennedy*

Inzwischen müsste die Notwendigkeit erkennbar geworden sein, dass Krisenbewältigung auch bedeutet, Krisen anzusprechen und sie anzunehmen. Deshalb werden im folgenden Kapitel die Zielgerichtetheit der Klärung sowie dessen kommunikativer Umgang im Fokus stehen.

Um eine Krisensituation zu strukturieren, ist es zunächst erforderlich grundlegende Haltungsfragen zu klären. Diese Fragen umfassen: Wer ist für die Untersuchung verantwortlich und trägt zur sachlichen Aufklärung bei? Welche Stellen sind dafür zuständig, Informationen weiterzugeben? Welche konkreten Schritte sind geplant, um die Situation zu bewältigen? Welche Ressourcen stehen zur Verfügung und werden benötigt? (vgl. *Berth* 2015, S. 68 f.).

Kommunikationsaktivitäten werden als ein Mittel zur Lenkung und Steuerung der „Gestaltung marktlicher und gesellschaftlicher Beziehungen“ (*Zerfaß* 2022, S. 51) betrachtet. Der Unterschied zwischen Kommunikation und Information liegt darin, dass eine Information ein einseitiger Prozess der Mitteilung ist, bei dem es eine/n Sender*in und eine/n Empfänger*in gibt. Kommunikation hingegen bezeichnet den gegenseitigen Austausch von Informationen, bei dem die beteiligten Akteur*innen gleichberechtigt sind. Es handelt sich um einen dynamischen Prozess (vgl. *Mast*

2022, 839 f.). „[...] Krisenkommunikation ist ein *Aushandlungsprozess im Kontext von als bedrohlich und disruptiv wahrgenommenen Situationen*, denen Beobachter intuitiv oder strategisch Krisenstatus zuschreiben" (*Löffelholz/Schwarz* 2022, S. 966). Strategische Krisenkommunikation bezieht sich auf das Management von Kommunikation, um Krisen vorzubeugen, frühzeitig zu erkennen, zu planen, zu bewältigen und nachzubereiten sowie eine Reputationswiederherstellung oder -erhaltung zu erzielen (vgl. ebd.). Das spiegelt auch das oben angebrachte Krisenverständnis von *T. Coombs* wider.

„Strategische interne Krisenkommunikation stellt ein wichtiges Instrument dar, um Krisen zu bewältigen und ihr Ausmaß zu minimieren" (*Rothenberger et al.* 2016 b, S. 231). Fehler in der Krisenkommunikation können die Krisensituation weiter verschärfen und den Druck auf die betroffene Fachbehörde erhöhen (vgl. *Löffelholz/Schwarz* 2022, S. 964). Aus diesem Grund ist es von entscheidender Bedeutung, sich intensiv mit der „kommunikativen Bewältigung von Krisen" (ebd.) zu befassen. „Die [...] internen und externen Kommunikationsprozesse haben entscheidenden Einfluss auf den Verlauf von Krisen" (ebd.). „Dysfunktionale Kommunikation in Krisenfällen beruht auf mangelnder Zusammenarbeit im ‚Friedenszustand'" (*Fangerau/Fegert/Ziegenhain* 2010, S. 349).

Jugendämter wenden Untersuchungen zufolge verschiedene Krisenkommunikationsstrategien an. Oftmals versuchen sie die Krise zu rechtfertigen, indem sie Gründe oder Erklärungen für die Situation bieten. Eine weitere gängige Strategie besteht darin, die Schwere der Krise zu minimieren, um die Wahrnehmung der Öffentlichkeit zu mildern. In manchen Fällen versuchen Jugendämter die Verantwortung für die Krise zu umgehen oder auf andere Akteur*innen zu übertragen. Es kommt auch vor, dass Jugendämter versuchen, das Vorhandensein einer Krise zu leugnen, um negative Auswirkungen zu vermeiden. Es ist eher selten, dass Jugendämter proaktiv Maßnahmen präsentieren, um zukünftige Krisen zu verhindern (vgl. *Rothenberger et al.* 2017, S. 97 ff.). Diese verschiedenen Strategien werden je nach Situation und Kontext von Jugendämtern angewandt, um mit Krisen umzugehen und ihre Auswirkungen auf die Öffentlichkeit zu steuern.

Wenn allerdings, wie im oben angebrachten Beispiel, ein Fall des Jugendamtes an die Öffentlichkeit gelangt, dann erfordert das eine professionelle Herangehensweise seitens der Behörde. Dafür sind sowohl die Fähigkeiten zur Krisenbewältigung (siehe Kapitel 3) als auch ihre Kommunikationsführung gefordert (vgl. ebd., S. V).

Für die praktische Arbeit im Jugendamt soll am Ende des Kapitels ein Handlungsleitfaden entstehen, der sich aus den Theorien und Erkenntnissen dieser Arbeit ableitet. Dieser soll den Fachkräften einen zusammenfassenden Überblick dazu geben, worauf es bei einer Krisenbewältigung von Fällen besonders schwerer Kindeswohlgefährdung mit medialem Fokus ankommt, was alles vor- und nachgedacht werden sollte und wie der kommunikative Umgang schließlich aussehen könnte. Letztlich soll der Handlungsleitfaden abbilden, wie die Krisenbewältigung eines Jugendamtes vorgenommen werden kann, wenn die Absicht der Fachbehörde darin besteht, den Reputationsschaden durch vertrauenswürdiges Auftreten gering zu halten.

4.1 Internes Krisenmanagement und Kommunikation

Bisher wurde geklärt, auf welche Art von Krise es in dieser Arbeit ankommt (Fälle besonders schwerer Kindeswohlgefährdung unter medialem Fokus). Außerdem wurde definiert, welche Kriterien erfüllt sein müssen, dass es sich überhaupt erst um eine Krise handelt. Es wurde dargelegt, welches Krisenverständnis *T. Coombs* hat und versucht, dieses für den „Fall Kevin" (angedeutet) anzuwenden. Wie durch die sechs Phasen einer Krise bereits hervorgebracht, kann internes Krisenkommunikationsmanagement einen präventiven Charakter haben. Daher gilt es auch im Voraus einer Krise mit seinen Mitarbeitenden mittelbar im Austausch zu stehen.

Die interne Kommunikation bildet alle kommunikativen Angelegenheiten innerhalb einer Organisation (hier Fachbehörde) ab. Das können alltägliche, aber auch krisenbehaftete Vorgänge sein. Es wird die Absicht verfolgt, einen gleichberechtigten Überblick für alle Mitarbeitenden zu schaffen, gemeinsame Haltungen zu erschließen und gemeinschaftlich zu den Organisationszielen durchzudringen (vgl. *Malczok/Szyszka* 2016,

S. 23 f.). „Es geht also um alle jene kommunikativen Prozesse, derer es bedarf, damit Organisationen funktionieren, operieren und letztlich existieren können" (ebd., S. 24). *Buchholz* und *Knorre* führen an, dass „(Interne) Kommunikation [...] überhaupt erst den Prozess des Entstehens, der Gestaltung und der Veränderung einer Organisation [...]" (2019, S. 7) gewährleistet. Das wiederum stellt eine Voraussetzung für Entwicklungsprozesse im Krisengeschehen dar.

Die Mitarbeitenden der Fachbehörde gehören ebenso dem Adressat*innenkreis von Medienberichterstattungen an, wie auch die restliche breite Öffentlichkeit; mit dem Unterschied, dass sie als Teil der Fachbehörde negative Berichterstattungen aus mehreren Blickwinkeln wahrnehmen. Zum einen in ihrer Rolle als Beobachtende, zum anderen in ihrer Rolle als Betroffene. Die Rollenzugehörigkeit zur Arbeitsstelle impliziert deshalb, dass die Mitarbeiterschaft eine der wichtigsten Anspruchsgruppe ist, mit welcher kommuniziert werden muss. Da alle Angestellten die zentrale Wissens- und Leistungsressource ihres/r Arbeitgeber*in sind, ist es angezeigt, sie auch in kritischen Situationen einzubeziehen. Mittels Kommunikation soll ihre Loyalität aufrechterhalten und eine Identifikation mit der Arbeitsstelle erreicht werden. Mitarbeitende, die sich eher mit ihrer Arbeitsstelle identifizieren, sind mehr dazu bereit, ihre/n Arbeitgeber*in nach außen wertschätzend darzustellen. Identifikation fördert den internen Zusammenhalt und hat gleichzeitig einen positiven Effekt auf die Reputationssicherung. In Krisensituationen informierte Mitarbeitende können besser mit der Situation umgehen, vor allem unter Beachtung des Gesichtspunktes, dass sie sich selbst womöglich persönlich betroffen fühlen. Zusammengenommen sorgt Informiertheit bei den Mitarbeitenden für Handlungsfähigkeit, Zugehörigkeit und letztlich auch Schadensbegrenzung der betroffenen Fachbehörde. Es ist also darauf zu achten, dass die Mitarbeitenden zuerst von ihrem/r Arbeitgeber*in informiert werden, als dass sie negative Berichte ihrer Arbeitsstelle über die Medien erfahren (vgl. *Einwiller/Korn* 2016, S. 124 ff.). Durch interne Kommunikation soll das Vertrauen in den/die Arbeitgeber*in verstärkt und die Motivation der Mitarbeitenden gesteigert werden (vgl. *Buchholz/Knorre* 2019, S. 9). Vertrauen ist schließlich die Voraussetzung für eine gelingende Arbeitsbeziehung. Über kommunikative Prozesse können sowohl Vertrauensverhältnisse als auch Authentizitätsgefühle gegenüber dem/r Arbeitgeber*in erreicht werden (vgl. *Mast* 2020, S. 291 f.). Es sollten je nach Krisenausmaß die Mitarbeitenden einer Abteilung oder aber die gesamte Mitarbeiter*innenschaft informiert werden. Informationsverantwortliche riskieren die Abwendung ihrer Mitarbeitenden, wenn sie ihnen relevante Informationen vorenthalten (vgl. *Steinke* 2018, S. 118). In einer Krise ist es wichtig den Mitarbeitenden die nötige Sicherheit entgegenzubringen, damit sie weiterhin ihrer Tätigkeit nachkommen können (vgl. *Rothenberger et al.* 2016 a, S. 53).

Die Informationsbereitstellung während einer Krise kann bspw. über den direkten persönlichen Austausch stattfinden, wie das Einberufen kurzfristiger Mitarbeitendentreffen über die Führungskräfte. Andererseits kann auch das Intranet dafür genutzt werden, allen Mitarbeitenden die gleichen Informationen zur Verfügung zu stellen. Je nach Krisendimension muss das Mittel der Informationsbereitstellung für die Mitarbeitenden abgewogen werden (vgl. *Einwiller/Korn* 2016, S. 138). Die Informationen sollten stetig auf den aktuellsten Stand der Entwicklungen gebracht und dann den Mitarbeitenden übermittelt werden (vgl. *Rothenberger et al.* 2016 a, S. 53). Mit interner Kommunikation tritt auch eine strategische Absicht hervor. Es will erreicht werden, auf die Mitarbeitenden als höchstes Ressourcengut der Organisation einzuwirken (vgl. *Malczok/Szyszka* 2016, S. 24). Mit dem Schaffen einer „Sinn- und Verstehstruktur“ (ebd., S. 32) wird demzufolge auf organisationspolitischer Ebene darauf hingewirkt, dass interne Entscheidungen akzeptiert und umgesetzt werden (vgl. ebd., S. 33). *Remus* weist darauf hin, dass Emotionen einen großen Stellenwert beigemessen werden sollte, wenn es um das interne Kommunikationsmanagement geht. Auch wenn Emotionen bislang als wenig willkommen in der Arbeitswelt verstanden werden, betont *Remus*, dass über diese ein lebendiger Zugang zu den Mitarbeitenden gewonnen werden kann. Wieder mit dem Ziel, stabilisierend auf das Organisationssystem einzuwirken (vgl. 2016, S. 179 f.). Emotionen „beeinflussen und steuern das individuelle Entscheiden, Handeln und Verhalten“ (ebd., S. 184). Hervorgerufene Emotionen werden im Gedächtnis abgespeichert und durch weitere Ereignisse wieder ausgelöst (vgl. ebd.). „Wenn es gelingt, den sich selbst verstärkenden Kreislauf von Emotionsbildung und Situationswahrnehmung aufzubrechen oder umzulenken, kann dies zu einer veränderten Situationswahrnehmung beitragen“ (ebd., S. 191). Zwar hat das Einwirken auf Emotionen auch die Gefahr zur Folge, dass eine manipulierende Absicht dahinter verstanden werden kann, jedoch kann dem *Remus* zufolge entgegengewirkt werden, indem offen angesprochen wird, sich absichtlich über Emotionalisierung verständigen zu wollen (vgl. ebd., S. 193).

Malczok und *Szyszka* fassen daher zusammen: „Internes Kommunikationsmanagement operiert auf der Basis von Analyse mit gezielt geplanter Kommunikation, mit der bewusst eine strategisch persuasive Absicht verfolgt wird, um die Umsetzung organisationspolitischer Entscheidungen organisationsdienlich und wertschöpfend zu ermöglichen und zu optimieren“ (2016, S. 37).

Buchholz und *Knorre* setzen internes Kommunikationsmanagement als Führungsaufgabe voraus. Vor allem im Risiko- und Krisenmanagement sind interne Kommunikationslinien nicht wegzudenken. So sehen sie Risikomanagement nur im Zusammenwirken aller Mitarbeitenden als realisierbar an (vgl. 2019, S. 5). „Die interne Kommunikation sorgt hier für die notwendige organisationale Wachsamkeit, d. h. Verarbeitung von Beobachtungen aus der Unternehmensumwelt“ (ebd., S. 5 f.). Außerdem sind ihrer Auffassung nach Krisensituationen nicht durch starre „Top-down-Kommunikation“ (ebd., S. 6) lösbar, sondern erfordern die innerbetriebliche Unterhaltung. Dadurch können Flexibilität und Zielgerichtetheit erreicht werden. Auch die Lernprozesse einer Organisation erfordern eine gelingende interne Kommunikation. Bei notwendigen Veränderungsprozessen kommt es auf das Miteinander in der Organisation an und beruft sich deshalb an dieser Stelle wieder auf Kommunikationsstrukturen (vgl. ebd.). Veränderungen nach einer Krise können nur dann erfolgreich angegangen werden, wenn die „richtige“ Person informiert ist. Es nützt nichts, wenn alle Mitarbeitenden Bescheid wissen, aber die Person, die für die Problemlösung benötigt wird, nicht involviert ist (vgl. *Forster et al.* 2023, S. 280).

Interne Kommunikation in einer Krisensituation im Jugendamt betrifft auch das Involvieren des/r Land- oder Stadtrat*rätin und/oder der Dezernatsleitung durch die Amtsleitung. Über die Position der Amtsleitung wird somit alles strategisch Relevante zur Krise gebündelt. Jede

Information erreicht die strategische Leitung. Über festgelegte Verantwortliche (möglicherweise Pressestelle, das Krisenteam oder ein/e festgelegte/r Sprecher*in) erreichen die Informationen dann die übrigen Anspruchsgruppen (vgl. *Rothenberger et al.* 2016 a, S. 50 ff.). *Rothenberger et al.* fassen in folgender Darstellung zusammen, wie unter Berücksichtigung der o. g. Gesichtspunkte ein internes Verfahren zum Krisenfall im Jugendamt aussehen kann:

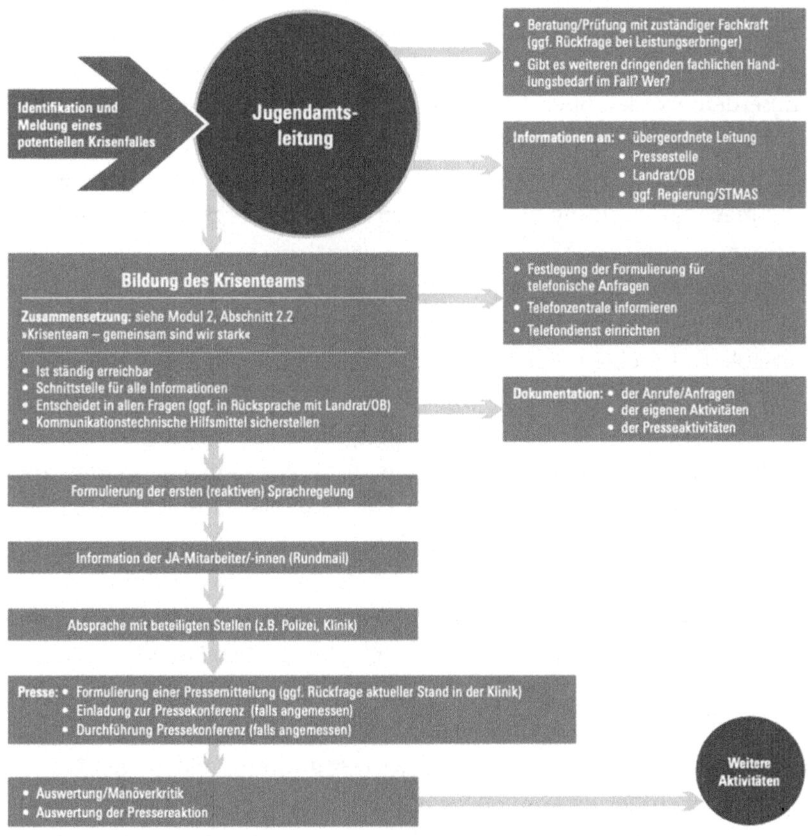

Abbildung 5: Internes Krisenverfahren. *Rothenberger et al.* 2016 a, S. 55

Die Idee von *Rothenberger et al.* ist, dass die Jugendamtsleitung, die den Dreh- und Angelpunkt darstellt, ein Vorkommnis zu einer Krise erklärt und interne Abläufe anregt, indem sie Kontakt zu den am Fall beteiligten Fachkräften aufnimmt. Auch gibt diese Informationen an weitere Stellen, wie bspw. an die Pressestelle oder politische Akteur*innen weiter. Außerdem delegiert die Amtsleitung – bei identifizierter Krise, die nicht durch die am Fall beteiligten Fachkräfte alleine gelöst werden kann – das Krisenteam intern tätig zu werden. Dieses Team wiederrum geht nach seinen festgelegten Abläufen und Verantwortlichkeiten vor und informiert letztlich weitere interne Ebenen (übrige oder ausgewählte Mitarbeitende). Außerdem werden über diese Instanz Absprachen getroffen, Informationen gebündelt und entsprechend nach Außen getragen. Zuletzt erfolgt die Auswertung des Krisenverlaufs und das Fazit über das Krisenteam. Die Jugendamtsleitung bleibt bei allen internen Vorgehensweisen informiert (vgl. 2016 a, S. 55).

Um außerdem eine weitere Hervorhebung interner Kommunikation aufzuzeigen, gilt es den internen schriftlichen Bericht als Kommunikationsvariable zu beachten. *Reichmann* u. a. legt deshalb auf die Informationsspeicherung und -verarbeitung mittels Aktenführung Wert (vgl. 2022, S. 34). Damit Kriseninhalte, die wie im „Fall Kevin" aus dem Inneren der Fachbehörde heraus resultieren, nachvollziehbar gemacht werden können, braucht es die professionelle Darstellung relevanter Daten. Das hat den Grund „[...], dass sie der gerichtlichen Überprüfung im Einzelfall standhalten müssen. [...]. Durch [...] Dokumentation legitimiert sich Verwaltungshandeln [...] und wird anhand seiner schriftlichen Dokumente („nach Aktenlage") kontrolliert" (ebd., S. 38). Die Kinderschutzarbeit im Jugendamt läuft nach einem vorgegebenen Handlungsschema ab. Mittels Dokumentation sollen Informationen intern nachvollziehbar gemacht, durchgeführte Schritte dargelegt und Einschätzungen hervorgebracht werden. Es können rechtliche Konsequenzen drohen, wenn Verwaltungsstandards nicht eingehalten wurden und darüber ein eingetretener Schaden abgeleitet werden kann (vgl. ebd., S. 42 f.). Der Untersuchungsausschuss, der für die Aufarbeitung des „Falls Kevin" einberufen wurde, überprüfte u. a. anhand der Aktenlage, wie in der Familie tatsächlich verfahren wurde. Falldokumentationen haben also nicht nur eine

„Legitimationsfunktion“ (ebd., S. 59), sondern sind unerlässlich für die Arbeit in der Kinderschutzfachbehörde.

Bisher spielt die interne Kommunikation im Krisengeschehen im Vergleich zur externen Kommunikation eine untergeordnete Rolle. Jedoch wird spätestens in der Krisennachbereitung und im Prozess des Fehlerlernens auffallen, wenn interne Kommunikationsdefizite vorliegen. Es kann schlussendlich festgehalten werden, dass die Kommunikation mit und unter den Mitarbeitenden einen wesentlichen Einfluss auf den Verlauf einer Krise sowie deren Außenwirkung haben kann (vgl. *Rothenberger et al.* 2016 b, S. 230 f.). Außerdem sind es die Mitarbeitenden, die die nachstehenden Veränderungen umsetzen und gewohnte Routinen womöglich verlassen sollen (vgl. *Buchholz/Knorre* 2019, S. 203).

4.2 Externes Krisenmanagement und Kommunikation

Worauf kommt es an? Genauso wie es bei der internen Kommunikation darum geht, durch Vertrauen einen wertvollen Nährboden für ein gemeinsames und zielgerichtetes Handeln zu schaffen, spielt Vertrauensaufbau auch im Umgang mit externen Anspruchsgruppen eine zentrale Rolle. Wenn die Fachbehörde in einer Krisensituation vertrauenswürdig auftreten möchte, dann muss sie sich darüber im Klaren sein, was es bedeutet Vertrauenswürdigkeit zu erzeugen.

Blöbaum gibt dazu einen Einblick, welche Aspekte zu beachten sind, wenn vertrauenswürdig gehandelt werden möchte. Die Fachbehörde ist in diesem Fall Vertrauensnehmende und die externen Anspruchsgruppen (u. a. Medien, Adressat*innen der Kinder- und Jugendhilfe, breite Öffentlichkeit, …) sind Vertrauensgebende. Im Prinzip ist Vertrauensarbeit ein wesentliches Ziel zum Ressourcenaufbau der Organisation, da es sich als Reputationssicherung auszahlen kann. Für die Vertrauensentwicklung braucht es die Fähigkeiten des/r Vertrauensnehmenden, um Erwartungen externer Anspruchsgruppen erfüllen zu können. Je nach Situation fallen deren Erwartungen an die professionelle Handlung der Fachbehörde aus. Die Informiertheit der Vertrauensgebenden über die Handlungsabsichten des/r Vertrauensnehmenden sowie Erfahrungen über

Verlässlichkeit münden in den Vertrauensprozess. Vertrauen zielt deshalb darauf ab, dass die Fachbehörde professionell handelt, d. h. weiß, was ihre Aufgaben sind, wie sie diese umsetzt und wie sie letztlich zu ihren Entscheidungen kommt. Nicht selten werden Einschätzungen anderer für die eigene Meinungsbildung verwendet, da eher anderen Anspruchsgruppenzugehörigen getraut wird als der Organisation selbst. Die Meinungsbildung kann über den direkten Austausch untereinander oder aber mittels digitaler Bewertungsforen erfolgen. Insgesamt kann Vertrauen als kontinuierlicher Prozess verstanden werden, welcher einseitig durch Vertrauensnehmende gesteuert werden muss, diese jedoch dafür in Abhängigkeit mit den Vertrauensgebenden stehen (vgl. 2022, S. 60 ff.). Vertrauen kann folglich „[…] als Variable zur Erklärung von Organisationsverhalten […]" (*Hoberg* 2020, S. 7) verstanden werden.

Mit folgender Darstellung veranschaulicht *Blöbaum* einen Vertrauensprozess:

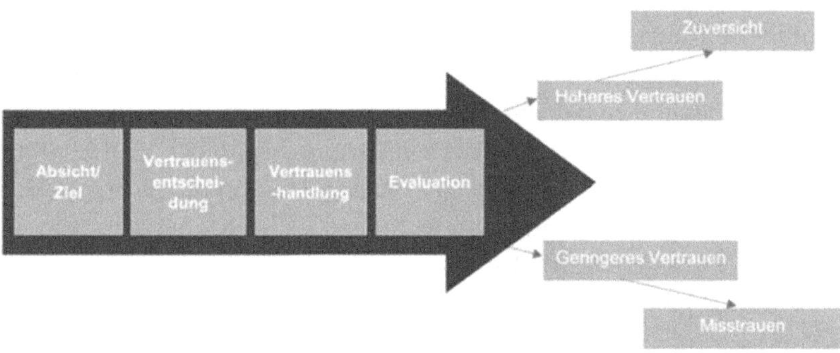

Abbildung 6: Vertrauensprozess. *Blöbaum* 2022, S. 68

Der Prozess wird mit einer Zielabsicht eröffnet (vgl. *Blöbaum* 2022, S. 68). Das Ziel kann nur erreicht werden, „indem man sich in das Risiko einer Vertrauenssituation begibt" (ebd.). Wenn ein positiver Ausgang des vorhandenen Problems erwartet wird oder wenn Nichtwissen über eine Situation Vertrauen notwendig macht, wird sich für das Eingehen des Vertrauensrisikos entschieden. Im nächsten Schritt folgt die Vertrauenshandlung. In dieser Phase wird der/die Vertrauensnehmende unter Beweis stellen müssen, ob er/sie entsprechend so handelt, wie es erwartet wird. Am Ende des Prozesses werden evaluierte Erkenntnisse in den Erfahrungsschatz der Vertrauensgebenden übergehen, um bei zukünftigen Aktionen auf diese zurückzugreifen (vgl. ebd., S. 68 f.). „Durch Beobachtung und Evaluation vorgängiger Interaktionen entstehen Erfahrungen, die als Beziehungsgeschichte in die jeweils aktuelle Bewertung einfließen. [...]. Die Bewertung von Vertrauenswürdigkeit führt gewissermaßen zu informiertem Vertrauen. Wer ohne irgendwelche Gründe vertraut, vertraut blind, ignoriert Risiko und Warnsignale" (ebd., S. 70 f.). Positive Erfahrungen bei den Vertrauensgebenden beeinflussen zukünftige Risikoentscheidungen und steigern das Vertrauen. Wohingegen schlechte Erfahrungen eine Gefährdung auf Seiten der Fachbehörde bedeuten, da diese bei ihren Anspruchsgruppen zu weniger Vertrauen oder sogar Misstrauen führen können. *Blöbaum* untermauert diesen Themenschwerpunkt noch einmal damit, dass Vertrauensprozesse zwar von den Vertrauensnehmenden durch kompetentes Handeln beeinflussbar sind, es allerdings ebenso auf die Kompetenzen des Gegenübers, also des/r Vertrauensgeber*in, ankommt, wie er/sie dessen/deren Fähigkeiten bewertet[3] (vgl. ebd., S. 74 f.). Vertrauen kann aufgebaut, erhalten oder abgebaut werden. Ein wesentliches Mittel zum Aufbau und Erhalt von Vertrauen ist *die Kommunikation*. So können Erklärungen bewirken, dass verlorenes Vertrauen wiedergewonnen wird (vgl. *Hoberg* 2020, S. 33 f.).

Inzwischen ist bekannt, dass externe Anspruchsgruppen, wie Medien, in der Lage sind, Krisen voranzutreiben. Vor allem, wenn Defizite in der eigenen Kommunikationsstrategie vorliegen, können Krisen in ihrer Eskalationsstufe hochfahren. Daher gilt es besonders die Phasen von *Coombs* zu beachten.

---

3 Anmerkung: Die Besonderheit der gegenseitigen Beziehungen zwischen Jugendamtsmitarbeitenden und externen Anspruchsgruppen ist, dass sich Adressat*innen der Kinder- und Jugendhilfe nicht aussuchen können, zu welchem Jugendamt sie gehen dürfen. Das kann als Vertrauensabhängigkeit bewertet werden. Die Zuständigkeit ist gem. §§ 86 ff. SGB VIII gesetzlich geregelt. Die Leistungsnehmenden sind an das örtlich zuständige Jugendamt gebunden. Auch dann, wenn sie mit diesem Jugendamt schlechte Erfahrungen gemacht oder durch Dritte Schlechtes über dieses Jugendamt erfahren haben und das Vertrauen nicht vorhanden ist. Lediglich bei der Wahl der Leistungserbringenden können die Adressat*innen aufgrund des Wunsch- und Wahlrechts gem. § 5 SGB VIII mitentscheiden.

Für ihn kommt es auf die Kommunikation im Vorfeld einer Krise an. Er legt dar, wie wichtig das Zusammenwirken mit den externen Anspruchsgruppen ist. Es fällt ins Gewicht, ein positives Beziehungsgeflecht aufzubauen. Genauso auch, die Warnsignale zu erkennen und in der Öffentlichkeit ein Problembewusstsein über das Handlungsfeld zu schaffen. Wenn eine Krise auftritt und erst einmal öffentlich geworden ist, dann wird der Verlauf von externen Faktoren und der eigenen Kommunikationsstrategie bestimmt (vgl. *Mast* 2020, S. 484 ff.). „Kommunikationsmanagement, das dem Stakeholder-Ansatz folgt, hat die Aufgabe, den Dialog mit den Stakeholdern systematisch und geplant zu ermöglichen, zu unterstützen und anschließend die daraus resultierenden Erkenntnisse [...] zu integrieren" (*Mast* 2020, S. 508). Verantwortliches Krisenmanagement bedeutet deshalb, sich über die eigene Haltung bewusst zu sein „[...] und das eigene Beziehungs- und Kommunikationsverständnis [...]" (ebd., S. 494) geklärt zu haben. Daher eignet sich für die größte Vertrauenssicherung der direkte Austausch mit den Anspruchsgruppen. Es wird noch immer sehr häufig davon ausgegangen, dass Kommunikation mit den Stakeholdern „bloße" Informationsübermittlung bedeutet. Doch das ist nicht ausreichend. Dialogische Absichten fördern einen kontinuierlichen Prozess des Austausches und ermöglichen einen stabilen Beziehungsaufbau (vgl. ebd., S. 504 ff.). Reputation resultiert nämlich aus den Erfahrungen, die entweder selbst gemacht oder durch Dritte wahrgenommen werden. Sie steht in einem Geflecht von Informationsaustausch, Eindrücken, Beobachtungen und Meinungsbildern. Nur durch öffentliche Kommunikation, unabhängig ob sie freiwillig oder unfreiwillig vorgenommen wird, entsteht eine Reputationskonstitution. Aus diesem Grunde kann die mediale Kommunikation auch nützlich sein, weil sie schließlich das Feld zur Reputationsbildung bietet. Mit gelingender Organisationskommunikation und den Kenntnissen über seine Anspruchsgruppen kann somit auf dieses Feld eingewirkt werden (vgl. *Thießen* 2011, S. 28 ff.). Nicht zuletzt deshalb sind Kommunikationsverantwortliche für die Fachbehörde so wichtig.

Aufgrund dessen, dass externe Anspruchsgruppen Krisen auf persönliche Weise wahrnehmen und diesen entsprechend andersartige Besonderheiten beimessen, wird die Verantwortung an einer Krise individuell unterschiedlich bewertet. Die Verantwortungszuschreibung sagt allerdings aus, ob die Reputation gefährdet ist oder nicht (vgl. *Coombs* 2010, S. 38). Organisationen sind im Zugzwang zu beweisen, dass sie in jedem Fall die Erwartungen ihrer Anspruchsgruppen beachten wollen (vgl. *Thießen* 2011, S. 102 f.). *Fangerau*, *Fegert* und *Ziegenhain* unterstreichen daher ebenfalls die Wichtigkeit des externen Beziehungs- und Netzwerkaufbaus im Vorfeld einer Krise. Beim Eintreten einer Krisensituation soll das Jugendamt dann glaubwürdig und empathisch reagieren. Dabei geht es nicht darum, sich zu Schuld zu äußern, sondern öffentlich verantwortlich das eigene Interesse zu vermitteln, unter Beachtung des Sozialdatenschutzes zur Aufklärung beitragen zu wollen (vgl. 2010, S. 350).

Das *Bundesministerium des Innern (BMI)* hat einen groben Leitfaden sowie Checklisten zur Krisenkommunikation erstellen lassen. Der Staat zeigt damit, ein Interesse daran zu haben, dass die Bevölkerung ihm vertrauen und er der Gesellschaft glaubhaft gegenübertreten kann. Dabei hat er schon längst erkannt, dass Medien Krisen(-verläufe) beeinflussen. Deshalb liegt es ihm daran, Behörden und Unternehmen zu sensibilisieren, planvolle sowie professionelle Krisenkommunikation leisten zu können. Dafür stellt er unterstützend diese Planungshilfen bereit (vgl. 2014, S. 3). Der Staat legitimiert nach seiner Rechtsstaatlichkeit, dass Medien privater oder öffentlich-rechtlicher Natur, als „vierte Gewalt oder vierte Macht" (ebd., S. 19) agieren. Medien sind wegen ihres Informationsrechts deshalb befugt, auf Auskünfte seitens der Behörden zu bestehen. Wegen dieses Sonderrechts und deren hohen einflussgebenden Autorität sieht der Staat vor, als einzelne Behörde in einer Krise den Umgang mit den Medienvertreter*innen hoch zu priorisieren. Für die Kommunikation mit der Öffentlichkeit (Bevölkerung) hält der Staat genauso die Notwendigkeit (wie bereits in früheren Kapiteln herausgearbeitet wurde), die vertrauensvolle Übermittlung sowie das Aufbauen des Vertrauens im Voraus einer Krise für unabdingbar. An dieser Stelle wird noch einmal darauf hingewiesen, dass die Auffassung einzelner Bürger*innen differenziert ausfallen kann und deshalb mit unterschiedlichen Reaktionen zu rechnen ist (vgl. ebd., S. 19 ff.). Zuletzt ist die Rede von „Stakeholder-Kommunikation" (ebd., S. 21). Diese bezweckt den Austausch mit den unmittelbar betroffenen Anspruchsgruppen, die Einfluss auf die Behördenziele haben und grenzt sich noch einmal von der Öffentlichkeit im Allgemeinen ab (vgl. ebd.).

Welche Prinzipien der Kommunikation sind demzufolge relevant, wenn stets und ständig die Beziehungsförderung im Mittelpunkt steht? *Störmer* arbeitet „die *Maxime der Qualität, der Quantität, der Relevanz* und *der Modalität*" (2022, S. 217) heraus. Es kann sich darüber auf den wesentlichen Tenor konzentriert werden, dass nur wahre, erforderliche, konkrete und klare Informationen gegeben werden sollten. Sie unterstützt die Annahme, dass über kontinuierlich empathisch und wertschätzend geleitete Ansätze eine nachhaltig positive Beziehung entwickelt wird und in diesem Rahmen auch ein Krisenaustausch möglich ist (vgl. ebd., S. 217 f.).

Zusammengenommen kann vertrauenswürdiges Auftreten einer Organisation von der Reputationskonstitution abgeleitet werden. Vertrauen passiert auf interaktivem Wege zwischen der Fachbehörde und externen Anspruchsgruppen. Vertrauenswürdigkeit hingegen ist ein Attribut dafür, dass vertraut werden kann. Weil Vertrauen mit dem Eingehen eines Risikos verbunden ist, ist es eine bewusste Entscheidung, die getroffen werden muss (vgl. *Thießen* 2011, S. 112 f.).

4.2.1 Presse- und Öffentlichkeitsarbeit eines Jugendamtes

Im Speziellen geht es in diesem Teil der Arbeit noch einmal genauer um die Presse- und Öffentlichkeitsarbeit eines Jugendamtes. Zwar existiert dieser Fachbereich in einer Kinderschutzfachbehörde, jedoch wird sich die Frage gestellt, welche Verantwortlichkeiten diese Tätigkeit im Rahmen des Krisenmanagements trägt.

Rothenberger, Schleicher, Schwarz und *Srugies* haben, wie im Kapitel 2.2.2 bereits dargestellt, Jugendämter in Bezug auf ihre Erfahrungen mit Krisen befragt. In dieser Studie haben sie auch untersucht, wie Krisenkommunikation und Öffentlichkeitsarbeit in Jugendämtern gelebt werden. Um eine möglichst breite Masse an Erfahrungsberichten zu erhalten, haben sie Jugendämter im ländlichen sowie städtischen Raum und ebenso krisenerfahrene und krisenunerfahrene Jugendämter (insgesamt neun an der Zahl) betrachtet. Die Befragungen wurden sowohl mit Mitarbeitenden der operativen Ebene als auch mit Jugendamtsleitungen und Kommunikationsverantwortlichen durchgeführt (vgl. 2017, S. 10 ff.). Einige ihrer Studienergebnisse werden an dieser Stelle ausgeführt, um anzudeuten, welche Relevanz die Presse- und Öffentlichkeitsarbeit für Jugendämter in Krisensituationen hat. Hier sind einige entnommene Antworten zu diesem Thema[4]:

Die personelle Ausstattung und Ausführung der Tätigkeiten der Presse- und Öffentlichkeitsarbeit sind sowohl in krisenerfahrenen als auch in krisenunerfahrenen Jugendämtern sehr unterschiedlich. Die meisten der Befragten sind der Ansicht, dass es gut wäre, wenn das Jugendamt eine eigene Pressestelle hätte. Oft ist diese für die gesamte Behörde oder Kommune zuständig (vgl. *Rothenberger et al.* 2017, S. 19 f.). Die Untersuchung zeigt, dass ein Großteil der Kommunikationsverantwortlichen und Leitungskräfte Schulungen nutzen (wenn es die Stellenbesetzung zulässt), um sich auf die Außenkommunikation vorzubereiten (vgl. ebd., S. 21 ff.). Die Studie kommt außerdem zu dem Ergebnis, dass es Jugendämtern an Konzeptionen fehlt, wie sie in Alltagsphasen positive mediale Beachtung finden können. Daher wird die Öffentlichkeits- und Pressearbeit eher als reaktive Tätigkeit ausgetragen. Eine Risikokommunikation findet der Untersuchung zufolge nicht statt (vgl. ebd., S 42 f.). In akuten Krisenphasen ist es für die Befragten entscheidend, dass sich die Jugendamtsleitung/Verwaltungsleitung und die Pressestelle eng aufeinander abstimmen (vgl. ebd., S. 111) und in regelmäßigen Zeitabständen zusammenkommen (vgl. ebd., S. 117). Meistens reagieren Jugendämter mit Standardinstrumenten wie Pressemitteilungen oder -konferenzen auf Krisen. Auffällig ist, dass die Kommunikationstätigkeit weder in Krisenzeiten noch in Alltagsphasen intern ausgewertet wird (vgl. ebd., S. 113). Die Notwendigkeit der Erreichung einer bewährten Stringenz der Tätigkeit der Presse- und Öffentlichkeitsarbeit in Jugendämtern ist durch die Studie erkennbar geworden. Es entsteht der Eindruck, dass bisher jede Fachbehörde macht, was sie für richtig hält, aber die grundlegende Idee und Chance der Presse- und Öffentlichkeitsarbeit bislang verfehlt wird.

Stehle führt an, dass die Öffentlichkeitsarbeit eines Jugendamtes nur gut sein kann, wenn die verantwortliche(n) Person(en) das entsprechende

4 Anmerkung: Um einen umfangreicheren Eindruck zu den Studienergebnissen zu bekommen, wird empfohlen, die Darstellung der Erhebung und deren Erkenntnisse eigens zu studieren.

Engagement mitbringt/en und seinen/ihren Job gerne macht/en. Vor allem die persönlichen Einstellungen beeinflussen diese Arbeit. Glaubwürdigkeit kann aus diesem Grunde nur dann vorliegen, wenn der/die Mitarbeitende(n) entschlossen hinter dem Jugendamt steht/en (vgl. 2011, S. 13).

Auch *Blüml* beantwortet die Frage, wie Öffentlichkeitsarbeit seitens der Kinderschutzfachbehörde im Bereich der Kindeswohlgefährdung aussehen kann. Nur, wenn die Öffentlichkeit inhaltlich zu dem Themenbereich Kindeswohlgefährdung aufgeklärt ist, können ein realer Austausch zwischen dem Amt und der Öffentlichkeit erreicht und möglicherweise ungefilterte Schlagzeilen, in welchen das Jugendamt einen Negativ-Stempel aufgedrückt bekommt, verhindert werden (vgl. 2006 b, Kap. 42, S. 1). Hinweise auf „*Elternrechte und -pflichten*“ (ebd.) und der staatliche Auftrag diesbezüglich würden schon einmal aufklärenden Charakter haben. Selbstverständlich sollte sich darüber im Voraus Gedanken gemacht werden, um angemessene Informationen zu fachlichen Wahrnehmungen, Eigen- und Fremderfahrungen, staatlichen Auftragszielen, regionalen Netzwerken, aber auch zu Möglichkeiten und Grenzen des Leistungsspektrums der Kinder- und Jugendhilfe geben zu können. Der Öffentlichkeit sollten jegliche Begrifflichkeiten erläutert werden, um zu verstehen, wann das Kindeswohl aus Sicht des Jugendamtes gefährdet ist. Nach einem wohlüberlegten Kontaktieren der Öffentlichkeit ist es grundsätzlich sinnvoll, für sich selbst zu eruieren, welche Wirksamkeit diese Informationsgebung hatte (vgl. ebd., S. 1 ff.). *Stehle* spricht in diesem Fall von der aktiven Öffentlichkeitsarbeit, d. h. „[…] eigene Themen zum gewünschten Zeitpunkt erfolgversprechend zu platzieren […]“ (2011, S. 14), wohingegen die Öffentlichkeitsarbeit in Krisensituationen ein reaktives Auftreten erfordert. Interessanterweise bedeutet das nun nicht, dass aktive Öffentlichkeitsarbeit nur in „Friedenssituationen“ und reaktive Öffentlichkeitsarbeit nur in Krisensituationen erfolgt. Vielmehr können bspw. auch aktuelle Themen der Gesellschaft (z. B. Kinderarmut, Jugendgewalt, etc.), die einen negativen Charakter haben, Anlass dafür sein, sich in der Funktion als Expert*innen der Kinderschutzfachbehörde anzubieten, um über Medienkanäle oder öffentliche Auftritte Fachkenntnisse und Einschätzungen zu liefern. Solche Anlässe sind vorteilhaft, eigene Arbeitsaufträge vorzustellen und ebenso fachlich zur Diskussion beizutragen (vgl. ebd., S. 13 ff.).

Enders bringt drei Ausrichtungsvarianten für die Öffentlichkeitsarbeit der Jugendämter an: „[...] die offensive, kommunikative und die reaktive Öffentlichkeitsarbeit" (2009, S. 84). Sie stellt das wie folgt dar:

Abbildung 7: Ausrichtungen der Öffentlichkeitsarbeit. *Enders* 2009, S. 85

Die Abbildung verdeutlicht zusammenfassend, welche Ausrichtung und Herangehensweise zur Öffentlichkeitsarbeit, welche Chance oder Gefahr für das Jugendamt bedeutet. Hierin sind die oben angesprochenen reaktiven und aktiven Methoden wiederzufinden.

Die offensive Öffentlichkeitsarbeit kann den Krisenpräventionsprozess unterstützen. Hier können eigene Themen selbstbestimmt und regelmäßig transportiert werden. Darüber können Selbstbewusstsein und Erfahrungen erlangt werden, wie mit der medialen Öffentlichkeit umzugehen ist. Durch kommunikative Öffentlichkeitsarbeit entsteht eine wechselseitige positive Beziehung zwischen den Jugendämtern und den Medienvertreter*innen. *Enders* gibt an, dass sich die symbiotische Tragweite der Kommunikationsausrichtung bspw. darin zeigt, dass Artikel vor der Veröffentlichung zum Gegenlesen zur Verfügung gestellt werden. Reaktive Öffentlichkeitsarbeit wird meistens dann geleistet, wenn Ressourcen fehlen. Jugendämter, die reaktiv handeln, zeigen sich unsicherer im Umgang mit der Öffentlichkeit und den Medien. Klar ist, dass Presse- und Öffentlichkeitsarbeit alleine schon durch die Stellung der Fachbehörde in der Gesellschaft notwendig ist und dazu beiträgt, ins Zusammenwirken mit Medien zu kommen und Ängste in der Konfrontation abzubauen (vgl. *Enders* 2009, S. 84 f.).

4.2.2 Umgang mit Medien im Krisenfall

„Die Grundrechte der Presse- und Rundfunkfreiheit gewährleisten einen unmittelbar gegen staatliche Stellen gerichteten Informationsanspruch der Medien [...]. Den Medien steht damit gegenüber staatlichen Stellen ein Rechtsanspruch auf Informationserteilung zu" (Fricke 2010, S. 109). Ein Krisenfall hat demnach zwangsläufig zur Folge, dass die Medien darüber unterrichtet werden müssen, wenn sie mit Fragestellungen auf die Fachbehörde zukommen. Inzwischen müsste nachvollziehbar genug geworden sein, dass Kommunikation u. a. aus diesem Grund eine wesentliche Rolle spielt, sonst kommt es neben dem Eklat des Krisengeschehnisses auch noch zu einer kommunikativen Krise. *Baier-Fuchs* schlägt demgemäß vor, sich selbst im Krisenfall einen umfangreichen, schnellen Eindruck zu verschaffen, um auf grundlegende Fragen der Medienvertreter*innen vorbereitet zu sein. Es muss zügig herausgearbeitet werden, was geschehen ist, welche Ursachen darüber bekannt sind, welche Bedeutung dieses Ereignis für interne wie externe Beteiligte hat und was mögliche Konsequenzen sind (vgl. 2008, S. 221). Es gilt dabei nicht den Medien sofort diese Antworten zu liefern, vielmehr geht es darum sich selbst Klarheit über die Situation zu verschaffen. Erfahrungsberichte selbst betroffener Fachkräfte von Jugendämtern verbessern das Verständnis von der theoretischen zur praktischen Ebene. Daher wurde sich aus den Dokumentationen einer Fachtagung die Expertise eines Jugendamtsleiters angeschaut und wie folgt an dieser Stelle zur Verfügung gestellt:

Brößkamp ist Leiter eines Jugendamtes und berichtete 2009 im Rahmen einer Fachtagung[5] von eigenen Erkenntnissen im Umgang mit Medien im

5 Fachtagung am 23. und 24. April 2009 in Berlin. „Das Jugendamt im Spiegel der Medien. Hilfen und Hinweise im Umgang mit Medien/Krisenmanagement".

Krisenfall. Er empfiehlt im Rahmen der Ergebnisvermittlung des Krisengeschehens das aktive und kooperative Auftreten gegenüber Medienvertreter*innen. Es sollte grundsätzlich hinterfragt werden, für welche Medienagentur/welchen Sender der/die Medienvertreter*in arbeitet und wo der Artikel/Bericht veröffentlicht wird. Informationen, die nicht veröffentlicht werden sollten, aber für das Verständnis des/r Medienvertreter*in notwendig zu wissen sind, sollten nur dann gegeben werden, wenn die Beziehung von Vertrauen geprägt ist und sich darauf verlassen werden kann, dass die Informationen tatsächlich geheim bleiben. Eine solche Variante würde ohnehin nur bei Veröffentlichungen in Printmedien realisierbar sein. Es sollte sich ein Vorab-Exemplar des Artikels zur eigenen Durchsicht gegeben werden lassen. Für einen Auftritt im Hörfunk kann eigens angefordert werden, dass es ein Vorabgespräch gibt, in welchem der eigene Rahmen der Informationsveröffentlichung abgestimmt werden kann. Das Berichten im Fernsehen sollte ohne Ablesen vom Notizzettel erfolgen. Es ist sinnvoll sich vorab zu informieren, wie der zeitliche Rahmen gestaltet ist. Sofern mit einem/r Medienvertreter*in schlechte Erfahrungen gemacht werden, sollte das Medienformat zukünftig nicht gänzlich vermieden, jedoch auf eine andere Person bestanden werden. Fragen zur Fehleranalyse können selbstbewusst gegenübergetreten werden, indem bekannt gemacht wird, dass die eigene Absicht zur Klärung vorliegt und nach dem Vorliegen dieser Erkenntnisse die Öffentlichkeit durch die Fachbehörde selbst darüber informiert wird (vgl. 2009, S. 103 ff.).

Durch die grundverschiedenen Arbeitsaufträge eines Jugendamtes und der Medienwelt wird ein Spannungsfeld erzeugt und aufrechterhalten. Das lässt sich nicht lösen. Das Jugendamt kann nicht seine Kontrollfunktion bezüglich des Kinderschutzes aufgeben, nur um als „das gute Jugendamt" dazustehen. Die Medien jedoch kontrollieren, ob das Jugendamt seinem Kontrollauftrag (Wächteramt) auch wirklich nachkommt. Berichte über Kinder, die dem Jugendamt bekannt waren und durch Kindeswohlgefährdungen zu Tode gekommen sind, zeichnen sich für Medien sowie Öffentlichkeit weiterhin durch ihre hohe Aufmerksamkeit aus. Jugendämter müssen demzufolge den Schuldzuweisungen standhalten und handlungsfähig bleiben (vgl. *Enders* 2013, S. 255 f.). Das Jugendamt behält die Funktion, der Prellbock dafür zu sein, wenn ihm bekannte Kinder durch Kindesmisshandlung zu Tode kommen. Mediale Berichte schreiben über Jugendämter, dass sie überfordert, wegschauend oder eingriffslustig seien. *Enders* schätzt durch ihre angestellten Untersuchungen ein, dass der Umgang mit Medien im Krisenfall trotz der Spannungen leichter erscheint, wenn die Medienlogik verstanden wurde und aktiv Öffentlichkeitsarbeit betrieben wird (vgl. 2009, S. 82 ff.). Die publizierten Berichte durch Medienvertreter*innen zeigen, was die Öffentlichkeit im Rahmen der Krise bewegt. Hieran kann/sollte sich orientiert und entsprechend darauf eingegangen werden (vgl. *Baier-Fuchs* 2008, S. 222).

4.2.3 Beachtung des Sozialdatenschutzes

Unter Sozialdaten sind persönliche Angaben sowie sachliche Zusammenhänge zu verstehen, die einer bestimmten Person zugeordnet sind. Die Erhebung dieser Daten dient lediglich dem Ausführungszweck zur Erfüllung der Aufgaben der Sozialleistungsträger (vgl. *Götte/Meysen/Schönecker* 2013, S. 15 und § 35 SGB I).

Auch im Krisenfall sind die gesetzlichen Bestimmungen gem. § 65 SGB VIII weiterhin bindend (vgl. *Rothenberger et al.* 2016 a, S. 57). Es ist gesetzlich untersagt, Journalist*innen gegenüber „eine zu offene Kommunikation über Informationen zur Familie" (ebd.) zu haben. Es ist wichtig zu beachten, dass selbst dann, wenn die Familie in der Öffentlichkeit ihre Standpunkte vertritt, die faktisch nicht mit denen des Jugendamtes übereinstimmen, keine persönlichen Informationen über den Fall preisgegeben werden dürfen (vgl. ebd.). „Die Pflicht zur Verschwiegenheit bezieht sich auch darauf, Informationen nicht zu wiederholen, die Journalistinnen/Journalisten bereits bekannt geworden sind" (ebd.)[6].

Anders verhält es sich gegenüber Strafverfolgungsbehörden. Kommt es, wie im „Fall Kevin" zum Tod eines Kindes und damit zu einer strafrechtlichen Verfolgung, da der Verdacht einer Straftat überprüft werden muss, dann besteht die Verpflichtung zum Zweck der Ermittlung zur Aufklärung

6 Anmerkung: Aufgrund der vielschichtigen Rechtsnormen empfiehlt es sich bei Fragen zum Sozialdatenschutz im medialen Präsenzfall auch mit dem verwaltungszugehörigen Rechtsamt in den Austausch zu treten, um Unterstützung in der Rechtssicherheit diesbezüglich zu erhalten.

beizutragen. Bspw. können seitens der Strafverfolgungsbehörden Beweise sichergestellt oder bei entsprechender Verweigerung auch beschlagnahmt werden. Indem die Stadt Bremen eine Untersuchungskommission beauftragt hat, die zur Aufklärung des Fehlverhaltens der Professionellen beitragen sollte, wurden von juristischer Seite Personen befugt, Sozialdaten über die Familie von Kevin über das Jugendamt zu erheben und für einen Untersuchungsbericht zu verwenden. Das Jugendamt konnte dem nicht widersprechen (vgl. *Götte/Meysen/Schönecker* 2013, S. 10).

Im Rahmen der behördlichen Analyse problematischer Fallverläufe, die entweder eigens durch die Fachbehörde oder nach Auftragserteilung durch externe Personen durchgeführt werden, bedarf es die Zustimmung durch die Betroffenen, außer es dient der „‚wissenschaftlichen Forschung'" (ebd., S. 14). Diese würde dann vorliegen, wenn bspw. im Sinne einer Fehleranalyse zukünftige Kinderschutzarbeit verbessert werden möchte (vgl. ebd.). Die Weitergabe der Sozialdaten für diese Qualitätsmaßnahme ist dann erlaubt, wenn „schutzwürdige Interessen der betroffenen Person nicht beeinträchtigt werden oder das öffentliche Interesse an der Forschung oder Planung das Geheimhaltungsinteresse der betroffenen Person erheblich überwiegt" (§ 75 Abs. 1 S. 1 SGB X).

4.2.4 Lernprozess zum Umgang mit Medien im und nach einem Krisenfall

Nachdem die mediale Unruhe bezüglich eines öffentlich gewordenen Kinderschutzfalles abgeklungen ist, gilt es zeitnah die Medienaufmerksamkeit Revue passieren zu lassen. Die Personen, die aufgrund der Krisenkommunikation mit Medienvertreter*innen zu tun hatten, sollten gemeinsam analysieren, welche ihrer Aussagen in die Öffentlichkeit gelangt sind, ob diese erwartungsgemäß dargestellt worden sind und wie diese gewirkt haben. Ggf. muss noch einmal mit einem Medientraining nachgesteuert werden, um zukünftig sachdienlicher auftreten zu können. Eventuell bedarf es einer anderen Rollenaufteilung in der Krisenarbeit. Auch sollten die gut gelungenen Aspekte aufgegriffen und sich vor Augen gehalten werden. Sinnvoll ist es, wenn für die Medienresonanzanalyse und der Schadensuntersuchung qualitative Erhebungen durchgeführt werden. Diese könnten mittels Befragungen der Mitarbeitenden erfolgen.

Die Bewertung des medialen Umgangs im Krisenverlauf beschränkt sich jedoch nicht nur auf die internen Analysen. Sie reichen auch bis dahin, dass sich die Frage gestellt werden sollte, wie die Zusammenarbeit mit einzelnen Medien oder Medienvertreter*innen gelaufen ist. Wer hat bspw. Informationen verfälscht? Mit wem sind Absprachen gelungen? Konnten neue Kontakte zur medialen Seite geknüpft werden? (vgl. *Steinke* 2018, S. 239 ff.). Eine realistische Frage ist deshalb doch, wie das Jugendamt aus Fehlern lernen kann und nicht, wie Fehler verhindert werden können. Ausschlaggebend ist, ein Bewusstsein dafür zu schaffen, wie mit Krisen klug umgegangen werden kann. Der äußere Einfluss durch Medien oder durch öffentliche Reaktionen ist hierbei entscheidend mitzudenken. Eine Sensibilität und gleichwohl Authentizität zu entwickeln hilft, Risiken zu erkennen und Krisensituationen letztlich standzuhalten. Zwar gibt es kein festes Regelwerk, welches sich auf jede solcher Situationen anwenden lässt, jedoch gibt es die Möglichkeit des permanenten Lernens und Reflektierens durch die Professionellen (vgl. *Berth* 2015, S. 69).

Bachmann und *Ternès von Hattburg* haben *10 Goldene Regeln* der Krisenkommunikation formuliert (nachfolgend vgl. 2021, S. 120 ff.), die die Bedeutung im Umgang medialer Krisenfälle noch einmal zusammengefasst auf den Punkt bringen:

1 *Krisensituationen sind unvermeidlich!*
Es ist nahezu unausweichlich, dass die Öffentlichkeit zur aufgetretenen kritischen Debatte ihre Meinung kundtut. Um eine Krise zu bewältigen, ist ein klarer Handlungsplan erforderlich.

2 *Krisen verlaufen äußerst vielfältig!*
Das Ausmaß einer Krise kann stark variieren. Keine Krise gleicht der anderen. Es ist hilfreich, etablierte Abläufe zur Krisenbewältigung zu haben und diese gut zu verinnerlichen.

3 *Die erste Reaktion auf eine Krise prägt den Eindruck nachhaltig!*
Die Art und Weise, wie die Fachbehörde auf eine Krise reagiert, beeinflusst die öffentliche Meinung erheblich. Der erste Eindruck ist von großer Bedeutung. Daher ist es entscheidend, sich selbst als Informationsquelle zu positionieren und Informationslücken zu schließen.

4 *Schnelles Handeln ist entscheidend!*
Je früher die Fachbehörde öffentlich kommuniziert, desto größer ist ihr Einfluss auf die Berichterstattung. Andere Medienberichterstatter*innen greifen oft auf bereits veröffentlichte Informationen zurück. Dadurch kann beeinflusst werden, worüber berichtet und diskutiert wird.

5 *Schlechte Nachrichten können nicht schöngeredet werden!*
Es ist von entscheidender Bedeutung, dass die Fachbehörde schlechte Nachrichten verantwortungsvoll behandelt. Eine sachliche Herangehensweise ist erforderlich, anstelle von Verschleierungstaktiken.

6 *Der Umgang mit Krisen erfordert Erfahrung und Professionalität!*
Obwohl Standards festgelegt sein können, hängt die Effektivität davon ab, wie gut Einzelpersonen oder Gruppen, wie bspw. das Krisenteam, miteinander arbeiten und Krisenbewältigungsinstrumente einsetzen.

7 *Vertrauen ist ein Schlüssel zur Bewältigung von Krisen!*
Wenn die Fachbehörde im Vorfeld Vertrauen zu ihrem Umfeld aufgebaut hat, wird es eher akzeptiert, was während einer Krise kommuniziert wird. Ein positiver Ruf sollte sich deshalb erarbeitet werden.

8 *Beziehungen sind in Krisenzeiten von großer Bedeutung!*
Institutionen erkennen in Krisenzeiten den Wert positiver Beziehungen und Verbindungen. Die Kommunikation kann durch bestehende Beziehungen gestärkt werden. Ein Netzwerk wird nicht während einer Krise aufgebaut, sondern in „guten" Zeiten.

9 *Im Vorfeld einer Krise sollten die Rollen klar definiert sein!*
Es ist wichtig im Voraus festzulegen, wer im Krisenfall Verantwortung übernimmt, wer im Hintergrund unterstützt und wer die externe Kommunikation führt. Diese drei Ebenen sollten zusammenarbeiten und aufeinander abgestimmt sein.

10 *Die nach außen getragene Wahrheit sollte konsistent sein!*
Es sollte im Vorfeld der Kommunikation klar sein, welche Informationen veröffentlicht werden. Es ist wichtig, einheitliche Informationen festzulegen und zu kommunizieren.

4.3 Exemplarisches Konzept zur Krisenkommunikation – Mögliche Handlungsstrategien für die praktische Arbeit: Ein Überblick

Dieses abschließende Kapitel trägt alle wesentlichen theoretischen Aspekte der vorherigen Kapitel übersichtlich zusammen und bezieht verschiedene Blickwinkel der oben aufgegriffenen Wissenschaftler*innen ein. Der daraus entstandene Handlungsleitfaden soll für die Tätigkeit in einer Kinderschutzfachbehörde eine Möglichkeit bieten, unter welchen zu beachtenden Umständen und Hinweisen eine mediale Krise zu Fällen besonders schwerer Kindeswohlgefährdung bewältigt werden kann. Diese übersichtliche Darstellung ist ein Anfang dessen, was der Kinderschutzfachbehörde an Wissen und Erfahrungen für die Krisenarbeit bereitsteht. Tendenziell würde diese Denk- und Arbeitsstütze für den Umgang mit Krisen stetig mit neuem Wissen, Erkenntnissen, Beobachtungen, Erfahrungen, etc. durch die Fachbehörde selbst erweitert werden müssen, um auf strategischer Ebene nachhaltig von einem etablierten Krisenkommunikationsmanagement sprechen zu können. Es handelt sich daher nur um einen Überblick, nicht um eine vollständige Anleitung wie eine Krise medialer Art bewältigt wird. Das Handlungskonzept kann deshalb als eine Maßnahme der Krisenvorbereitung verstanden werden, da hiermit ein Krisenkommunikationsverständnis entwickelt und geeignete Wege der Krisenbewältigung für den jeweilig eigenen Praxisalltag herausgearbeitet werden können. Der Fokus dieses Leitfadens liegt auf dem kommunikativen Umgang mit internen, wie externen Anspruchsgruppen, insbesondere den Medien, um das Ziel zu verfolgen, der Öffentlichkeit sowohl in Krisen- als auch in Nicht-Krisenzeiten vertrauenswürdige Botschaften zu vermitteln.

Folgendermaßen ist der Handlungsleitfaden aufgebaut:

I. Perspektivräume verstehen
II. Krisenverständnis schaffen, etablieren und stetig erweitern
III. Krisenkommunikation – Der Rollenerwartung bei medialem Aufruhr gerecht werden
IV. Umgangshinweise mit den Medienberichterstattenden

I. Perspektivräume verstehen

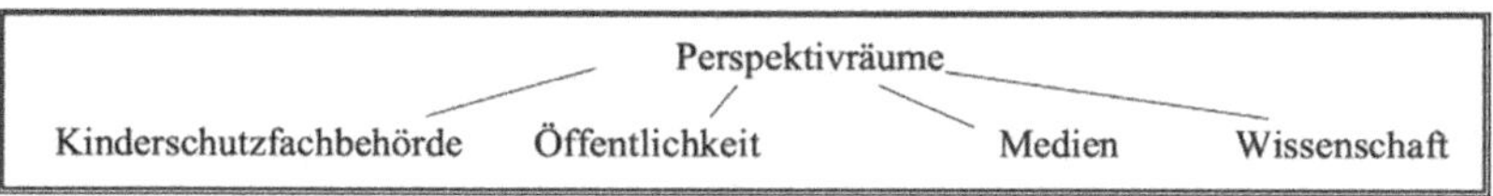

Abbildung 8: Perspektivräume bei Krisen medialer Art. *Eigene Darstellung*

Wenn Sichtweisen, Ansprüche und Erwartungshaltungen der verschiedenen Perspektiven ernstgenommen und verstanden wurden, dann kann prinzipiell davon ausgegangen werden, dass eine Offenheit zu unterschiedlichen Meinungen besteht. Darüber kann eine Bereitschaft erkannt werden, Krisen authentisch begegnen zu wollen. Im Umgang medialer Krisen werden insbesondere die eigene Perspektivseite, die der Öffentlichkeit, Medien und Wissenschaft relevant sein (Abb. 8).

1. Perspektive der Kinderschutzfachbehörde:
Die Kinderschutzfachbehörde jongliert zwischen dem Wächteramt mit einem staatlichen Schutz- und Kontrollauftrag und der Zusammenarbeit auf Augenhöhe mit den Familien (vgl. *Blüml* 2006 a, Kap. 78, S. 3). Dabei ist zu beachten, dass das Spannungsverhältnis eine Fehleranfälligkeit innehält. Deshalb sollte die Wirksamkeit von Hilfen zur Erziehung überprüft werden und das Leistungssystem immer wieder auf Veränderungen/Anpassungen eingestellt sein (vgl. *Ackermann* 2017, S. 55 ff. und *Kindler/Spangler* 2006, Kap., 93, S. 2). Folgende rechtliche Grundlagen sind als Auftrag und Rechtfertigung des Handelns im Kinderschutz zusammenzufassen: Art. 1 Abs. 1 GG, Art. 2 Abs. 1 und 2 GG, Art. 6 Abs. 2 S. 1 und 2 GG, § 8a SGB VIII, §§ 27 ff. SGB VIII i. V. m. § 36 SGB VIII, § 42 SGB VIII und § 1666 BGB.

2. Perspektive der Öffentlichkeit:
Es existiert ein öffentliches Interesse an der sorgfältigen Arbeit der Kinderschutzfachbehörde. Durch zunehmende Technologisierung und dem einfachen Zugang zu medialen Nutzarten wird eine immer breitere Masse der Öffentlichkeit in immer kürzerer Zeit mit Informationen erreicht (vgl. *Blöbaum* 2022, S. 143 f.). Fachkräfte des Jugendamtes sind selbst Teil-

nehmende des öffentlichen Lebens. Sie fühlen sich als Akteur*innen im Kinderschutz in der Öffentlichkeit nicht ausreichend gehört und für Krisen verantwortlich gemacht (vgl. *Rothenberger et al.* 2017, S. 105 ff.).

3. Perspektive der Medien:
Medien- und Pressearbeiter*innen haben eine gesetzlich aufklärende Funktion für die Öffentlichkeit, was sie anhand von gesammelten Informationen zu einem Themengebiet aus unterschiedlichen Quellen realisieren. Das Thema Kinderschutz ist für sie aufgrund der Dramatik, Emotionalität, Fehleranfälligkeit sowie des herrschenden Hierarchiegefälles der Fachbehörde zu einzelnen Familienschicksalen ein besonders lohnenswertes (vgl. *Burkhardt* 2011, S. 105 ff. und *Konken* 2009, S. 32 ff.).

4. Perspektive aus Sicht von Wissenschaftler*innen:
Wissenschaftler*innen beobachten, dass Fachkräfte der Kinderschutzfachbehörde zu Selbstschutzmaßnahmen tendieren und deshalb in schwierigen Fallverläufen dazu neigen, auch zu Unrecht in das Familiensystem einzugreifen (bspw. vorläufige Inobhutnahmen). Sie haben Angst vor Fehlern, rechtlichen Konsequenzen und unkontrollierbaren schwierigen Fallverläufen (vgl. *Ackermann* 2017, S. 55 ff.). Das eröffnet ebenfalls ein Spannungsfeld, da unrechtmäßiges Eingreifen oder präventives Eingreifen mittels Inobhutnahme nicht erlaubt ist.

Die Perspektiven bilden ab, wer zu den Anspruchsgruppen der Kinderschutzfachbehörde gehört. Ähnlich wie in Abb. 3 kann (sollte) jede Kinderschutzfachbehörde ein Anspruchsgruppenraster erstellen und dieses stetig erweitern/anpassen. Für alle weiteren Prozessschritte gilt es das Raster mitzudenken und bei anstehenden Managementaufgaben präsent zu haben.

II. Krisenverständnis schaffen, etablieren und stetig erweitern
Merkmale einer Krise: Bei einer Krise handelt es sich um ein Negativereignis (vgl. *Drews* 2018, S. 61), welches sich bis hin zu einer eskalierenden Situation (vgl. *Bachmann/Ternès von Hattburg* 2010, S. 27) erweitern kann. Die Eintrittswahrscheinlichkeit ist zwar gering und die Dauer zeitlich begrenzt, jedoch können die Folgen/Schäden schwerwiegend sein (vgl. *Löffelholz/Schwarz* 2022, S. 965). Krisen haben einen unvorhersehbaren

Ausgang, unterbrechen den strukturierten Alltag und führen daher zu einer unsicheren Lage (Ausnahmezustand) (vgl. *Merten* 2014, S. 156 ff.). Krisenverläufe haben unterschiedlichen Charakter und bedürfen alle ernsthafte Aufmerksamkeit. Sie können schleichend, skandalisierend oder wellenförmig vorkommen (vgl. *Möhrle* in *Hahn* 2018, S. 43). Jede Krise wird unterschiedlich weit in die Öffentlichkeit getragen und durch diese debattiert werden (vgl. *Burkhardt* 2011, S. 131 ff.). Sie schließen eine vertrauensverletzende Gefahr ein – jedoch wird durch Reputationssicherung Vertrauen gepflegt, was wiederum Differenzen im Machtgefälle zwischen der Fachbehörde und außenstehenden Akteur*innen legitimiert (vgl. *Imhof* 2014, S. 73 ff.).

Kinderschutzarbeit erhöht die Wahrscheinlichkeit des Eintritts einer Krise (vgl. *Rothenberger et al.* 2016 a, S. 159). Krisen entstammen von Risiken, weshalb Risikomanagement eine weitreichende, permanente Führungsaufgabe darstellt.

III. Krisenkommunikation – Der Rollenerwartung bei medialem Aufruhr gerecht werden

Die Kinderschutzfachbehörde sollte sich der dimensionalen Tragweite eines Krisenkommunikationsmanagements bewusst machen und diese als Teil der strategischen Jugendamtsarbeit verstehen.

Angelehnt an die Krisenphasen nach *T. Coombs* werden die Dimensionen folgendermaßen dargestellt:

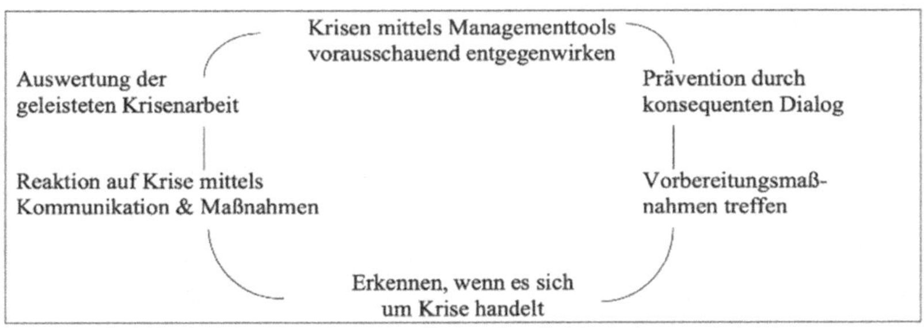

Abbildung 9: Dimensionen des Krisenverständnisses. *Eigene Darstellung*

Die einzelnen Managementschritte und -prozesse, wie in Abb. 9 dargestellt, sind die Kernaufgaben der Krisenkommunikation. Jeder Abschnitt sollte deshalb Beachtung finden und, wie sogleich angeführt, durchexerziert werden.

1. Krisen mittels Managementtools vorausschauend entgegenwirken: Mit proaktivem Management ist gemeint, dass möglichen Kriseneintritten mittels Managementtools entgegengewirkt werden kann. Diese Tools sind Problem-, Reputations- und Risikomanagement. Indem Warnsignale vorzeitig erkannt und entsprechende Maßnahmen getroffen werden, können Krisen vorausschauend aufgespürt werden (vgl. *Coombs* 2015, S. 50).

Problemmanagement bedeutet, im Kontakt/Dialog mit den Anspruchsgruppen (dafür ist das jeweilig erstellte Anspruchsgruppenraster hinzuzuziehen) zu stehen und ihnen bedarfsgerecht Informationen zu vermitteln. Probleme, die darüber beobachtet werden, können in Veränderungsprozesse innerhalb der Fachbehörde eingearbeitet werden. Mithilfe des *Reputationsmanagements* werden die Anspruchsgruppen auf ihre Einstellung gegenüber der Fachbehörde „untersucht". Dieser Managementprozess klärt auf, ob deren Erwartungen erfüllt werden. Die Fachbehörde kann wiederum Maßnahmen ergreifen, um auf die Bewertung der Anspruchsgruppen Einfluss zu nehmen. Durch *Risikomanagement* werden Schwachstellen innerhalb wie außerhalb der Fachbehörde beleuchtet. Diese werden auf ihre Eintrittswahrscheinlichkeit hin analysiert (vgl. ebd., S. 51 ff.) und bedürfen einer permanenten Beobachtung.

2. Prävention durch konsequenten Dialog:

► *Im Anhang befindet sich eine Checkliste, die hinzugezogen werden kann.*

Der präventive Prozess beginnt bei seinen eigenen Mitarbeitenden und endet bei externen Anspruchsgruppen. Die eigenen Mitarbeitenden stellen für die Kinderschutzfachbehörde die wichtigste Anspruchsgruppe dar. Sie sind die Wissens- und Leistungsquelle des Jugendamtes. Ihre *Leistungs- sowie Handlungsfähigkeit sowie Motivation bedarf es zu jeder Zeit aufrechtzuerhalten.* Es kann durch ein Loyalitäts- und Identifikationsgefühl mit dem/r Arbeitgebenden gefördert und erhalten werden (vgl. *Einwiller/Korn* 2016, S. 124 ff.). Außerdem bedeutet ein präventiver Krisenumgang auch, Wert auf *innerbehördliche Falldokumentationen* zu legen. Sie dienen der rechtlichen und inhaltlichen Nachvollziehbarkeit – nicht nur im Krisenfall. Mitarbeitende sollten demnach ständig dafür sensibilisiert werden (vgl. *Reichmann* 2022, S. 34 ff.). Präventives Handeln inkludiert weiterhin, die *Kommunikationskultur innerhalb der Fachbehörde zu untersuchen* (vgl. *Löffelholz/Schwarz* 2022, S. 968), um sie auf ihre Effektivität/Fehleranfälligkeit hin zu überprüfen. Interne Kommunikationsverantwortlichkeiten werden festgelegt und ein *Krisenstab/Krisenteam* wird gebildet. Die Kommunikation nach außen (bspw. zu Journalist*innen) wird von festgelegten Personen aufrechterhalten. In diesem fortbestehenden Dialog werden sowohl die Arbeit der Kinderschutzfachbehörde als auch bestehende Risiken vermittelt (vgl. *Rothenberger et al.* 2017, S. 17 ff.). Das Krisenteam besteht mindestens aus (individuelle Anpassungen durch die Fachbehörde und je nach Krisensituation nötig/möglich) der Jugendamtsleitung (und ggf. politische/r Vertreter*in des Bezirks/der Kommune), Vertreter*innen aus der operativen Ebene, Pressesprecher*in(nen) und Protokollführer*in (vgl. ebd., S. 31 ff. und *Coombs* 2015, S. 90 ff.). Für die öffentlichen Ansprachen/Berichte eignet es sich eine *eigene Pressestelle zu etablieren* und darüber *aktive/offensive Öffentlichkeitsarbeit* zu betreiben. Die eigenen Themen/Anliegen/Inhalte können damit der Öffentlichkeit nahegebracht und darüber positive Beziehungen aufgebaut/gepflegt werden (vgl. ebd., *Enders* 2009, S. 84 f. und *Stehle* 2011, S. 14). Unbedingt sollte bei externen Anspruchsgruppen ein Problembewusstsein angestoßen werden, was durch Aufklärungsarbeit über Kindeswohlgefährdung, Elternrechte und -pflichten und die staatlichen Grundannahmen vermittelt werden kann (vgl. *Blüml* 2006 b, Kap. 42, S. 1, *Mast* 2020, S. 484 ff., *Thießen* 2011, S. 28 ff.). Auch das Lernen von anderen hat einen präventiven Charakter und kann eine Ressource bedeuten. *Eigene Informationsquellen sollten genutzt werden* und können den Erfahrungsschatz erweitern. Das bedeutet, bereits veröffentlichte Berichte über Jugendämter zu durchforsten, in den Austausch mit anderen Kinderschutzfachbehörden zu gehen oder Anliegen der Adressat*innen zu ergründen und zu beobachten. All das sind Möglichkeiten, Risiken auf die Spur zu kommen (vgl. *Coombs* 2015, S. 90 ff.).

3. Vorbereitungsmaßnahmen treffen:

► *Im Anhang befindet sich eine Checkliste, die hinzugezogen werden kann.*

Um auf mediale Krisen vorbreitet zu sein, bedarf es ein *Krisenkonzept* zu entwickeln und darin Verantwortlichkeiten festzulegen sowie wichtige Informationen bereitzustellen und diese laufend zu aktualisieren (vgl. *Coombs/Tachkova* 2022, S. 35 und *Löffelholz/Schwarz* 2022, S. 970). Die Kinderschutzfachbehörde sollte sich im Vorfeld auf grundlegende Fragen zu einem Krisenfall seitens der Presse vorbereiten (vgl. *Baier-Fuchs* 2008, S. 221). Das geformte Krisenteam benötigt Klarheit über seine Funktionen und Zielstellungen. Es bündelt und koordiniert die Informationsweitergabe sowohl innerhalb als auch außerhalb der Fachbehörde. Im Krisenkonzept findet sich ein *Kommunikationsplan* wieder, der für alle Mitarbeitenden zugänglich gemacht wird. Die Mitarbeitenden und Krisenkommunikationsverantwortlichen absolvieren als Vorbereitungsmaßnahme *Krisen- und Medientrainings*, um ein Krisenszenario zu üben (vgl. *Rothenberger et al.* 2016 a, S. 31 ff.). Es ist wichtig, dass jede*r weiß, welche Rolle er/sie spielt, was durch wen gesagt oder nicht gesagt werden soll und wie mit Medienvertreter*innen und öffentlichen Auftritten umgegangen wird (vgl. *Messer* 2019, S. 201 ff.).

4. Erkennen, wenn es sich um Krise handelt:
Wenn eine mögliche Krise vor der Tür steht, dann muss sich ein *Situationsbewusstsein* geschaffen werden. Dafür werden ausreichend Informationen gesammelt, Auswirkungen abgeschätzt und vom Krisenteam beurteilt, ob es sich tatsächlich um eine Krise handelt oder nicht. Entsprechend des Ergebnisses wird die Situation innerhalb wie außerhalb der Fachbehörde kommuniziert und Maßnahmen werden abgeleitet (vgl. *Coombs* 2015, S. 135 ff.). Um einschätzen zu können, ob es sich um eine Krise handelt, gehört eine *unmittelbare Klärung* dazu, was geschehen ist, was die Ursache ist, welche Bedeutung das Ereignis für die Kinderschutzfachbehörde hat und mit welchen möglichen Konsequenzen gerechnet werden muss (vgl. *Baier-Fuchs* 2008, S. 221).

5. Reaktion auf Krise mittels Kommunikation & Maßnahmen:

► *Im Anhang befindet sich eine Checkliste, die hinzugezogen werden kann.*

Jetzt kommt es auf die *Kommunikationsabläufe* an! (vgl. *Coombs* 2015, S. 157). Das Krisenteam wird einberufen (vgl. *Rothenberger et al.* 2016 a, S. 157). Es wird ggf. auf geknüpfte Beziehungen und Kontakte zurückgegriffen, die interne Emotionalität wahrgenommen/berücksichtigt (vgl. *Löffelholz/Schwarz* 2022, S. 971 ff.) und darauf geachtet, dass die eigenen Mitarbeitenden (je nach Krisendimension abwägen, ob nur ausgewählte Abteilungen oder die gesamte Fachbehörde) durch ihre/n Arbeitgeber*in selbst von der Krise unterrichtet werden (vgl. *Mast* 2020, S. 291 und *Steinke* 2018, S. 118). Der Austausch mit den Mitarbeitenden kann (je nach Krisenausmaß) persönlich durch das Einberufen einer kurzfristigen Mitarbeitendenzusammenkunft oder das Intranet erfolgen (vgl. *Einwiller/Korn* 2016, S. 138) – es soll sich dabei nicht um ein einmaliges Informieren handeln, sondern die Mitarbeitenden sollten auf dem Laufenden gehalten werden (vgl. *Rothenberger et al.* 2016 a, S. 53). Aufkommende Emotionen der Mitarbeitenden gilt es ernst zu nehmen, da diese den Krisenverlauf beeinflussen können (da Mitarbeitende ebenso Akteur*innen/Beobachter*innen des Krisengeschehens sind) (vgl. *Remus* 2016 S. 179 ff.). Während der gesamten Krisenaktionen führt der/die Protokollführer*in eine stetige und aussagekräftige Dokumentation. Dann erfolgt der Erstkontakt nach außen (Medien/Presse) (vgl. *Rothenberger et al.* 2016 a, S. 49 f.). Dieser Schritt sollte unbedingt aktiv durch die Fachbehörde selbst vorgenommen werden (sofern das im Krisenverlauf noch möglich ist) (vgl. *Coombs/Tachkova* 2022, S. 30). Bei diesem und allen anderen „Auftritten“/Erklärungen sollten kalkulierte Botschaften vermittelt und das eigene Anliegen berücksichtigt werden (vgl. *Schmid-Egger* 2013, S. 98 ff.). Deshalb ist das inhaltliche Vorbereiten auf die Informationsweitergabe sehr wichtig. Achtung: Der Sozialdatenschutz gem. § 65 SGB VIII muss stets gewahrt werden (vgl. *Rothenberger et al.* 2016 a, S. 57) und die Krise sollte weder geleugnet noch heruntergespielt werden. Es gilt Verantwortung zu übernehmen (vgl. *Coombs/Tachkova* 2022, S. 29 f.).

6. Auswertung der geleisteten Krisenarbeit:

► *Im Anhang befindet sich eine Checkliste, die hinzugezogen werden kann.*

Der Nachbereitungsprozess ist für die Kinderschutzfachbehörde bedeutungsvoll und sehr gehaltvoll. In diesem Lern- und Analyseschritt werden die angewendeten Werkzeuge, Bewältigungsstrategien und Kommunikationsansätze bewertet. Dabei werden *Meinungsbilder* der Akteur*innen eingeholt/erfasst (vgl. *Löffelholz/Schwarz* 2022, S. 974 f.). Die Krisenursache wird festgehalten (vgl. *Wiske* 2022, S. 22), innerbehördliche Strukturen werden auf die Krise hin überprüft und neu bewertet sowie ggf. angepasst (*Change-Management*) (vgl. *Larsson* 2010, S. 714). Die Ergebnisse zur Kommunikationsstrategie in der akuten Krisenzeit sowie die öffentlichen Reaktionen werden durch das Krisenteam analysiert und als Grundlage dafür genommen, entsprechende Rückschlüsse zu ziehen. Bei komplexeren Krisen können externe Berater*innen hinzugezogen werden (vgl. *Rothenberger et al.* 2016 a, S. 77 f.). Es werden im Nachgang der intensiven Zusammenarbeit mit den Medienvertreter*innen Schlussfolgerungen gezogen, wie das journalistische Vorgehen erlebt wurde (*Medienresonanzanalyse*) und welche Veränderungen es ggf. im eigenen Krisenteam braucht (vgl. *Berth* 2015, S. 69, *Brößkamp* 2009, S. 103 ff., *Coombs* 2015, S. 198, *Steinke* 2018, S. 239 ff.). Alle Erkenntnisse werden als Wissen abgespeichert und in einem *Abschlussbericht* dokumentiert. Das Wissen aus der bewältigten Krise erweitert den Erfahrungsschatz und das bestehende Krisenkommunikationskonzept kann überarbeitet werden. Es wird als *Erkenntniserweiterung* in das Risikomanagement mit aufgenommen. Etablierte innerbehördliche Veränderungen bleiben unter stetiger Beobachtung (vgl. *Coombs* 2015, S. 193 ff.).

IV. Umgangshinweise mit den Medienberichterstattenden

1. Die Kinderschutzfachbehörde macht den Schritt auf die Medienvertreter*innen zu.
2. Die Informationsweitergabe erfolgt schnell, präzise und widerspruchsfrei durch die festgelegte/n Person/en der Kinderschutzfachbehörde.
3. Es muss immer der Sozialdatenschutz gewahrt werden.
4. Das Auftreten außerhalb einer Krisensituation gleicht einem kontinuierlichen, dialogischen Prozess.

Bei der Kommunikation mit den Anspruchsgruppen muss darauf geachtet werden, dass Jede*r einen Zugang zu den Informationen hat, d. h. diese für alle verständlich sind. Daher gilt es darauf zu achten, dass die Informationen/Botschaften glaubwürdig, kompetent, widerspruchsfrei, offen/transparent, in verständlicher Sprache, mit guter Absicht, bedarfsgerecht (vgl. *Rothenberger et al.* 2016 a, S. 26 f.), kurz und knapp überliefert werden (vgl. *Messer* 2019, S. 210).

Die Umgangshinweise sind ebenso wie der Krisenkommunikationsfahrplan stetig erweiterbar mit dem erworbenen Wissen und den Erfahrungen, die aus einer medialen Krise gewonnen werden. Dass Krisenkommunikation nicht „einfach so nebenbei" gemacht werden kann, zeigt mit aller Deutlichkeit die Komplexität des Handlungsleitfadens. Auch, wenn zunächst angenommen werden könnte, dass keine Zeit vorhanden ist, eine solch neue Managementstruktur im Alltag der Kinderschutzfachbehörde zu etablieren, sollte der Schritt dennoch gewagt werden. In jedem Fall wird es zu neuen Erkenntnissen für die Krisenarbeit führen.

5 Resümee und Ausblick

Jugendämter, die davon ausgehen, dass Krisenbewältigung und -kommunikation nur zu Krisenzeiten erforderlich ist, befinden sich auf einem unbefestigten Pfad der öffentlichen Darstellung. Krisen sind weit mehr als unsichere Momente, die kurz anhalten und dann wieder verschwinden. Krisen haben Potentiale. Ihnen sollte vorweggedacht werden. Es ist erforderlich, dass die Fachbehörde der Krise einen Schritt voraus ist, um sie mit eigener Kraft und eigenem Willen in die Hand nehmen zu können. Dazu gehört eben auch, zu verstehen, wann sich die Kinderschutzfachbehörde überhaupt in einer Krisensituation befindet und was sie für die Mitarbeiterschaft bedeutet.

Durch die fachliche Darbietung der einzelnen Kapitel gelang es, vielfältige neue Erkenntnisse zu gewinnen. Es ist offensichtlich, dass sich viel zu wenig deutsche Jugendämter bisher mit vertrauenswürdiger Krisenkommunikation auseinandergesetzt haben. Das wird durch das lückenhaft vorliegende Material der praktischen Krisenkommunikation in der Kinderschutzfachbehörde festgestellt. Zwar liegen viele wissenschaftliche Unterlagen vor, die die Problematik beleuchten und theoretisch nahebringen, jedoch hält sich die praktische Arbeit in den Jugendämtern – bezogen auf etablierte Krisenkommunikationsmodelle – eher damit zurück. Als sinnvoll und ersten Schritt werden Fachaustausche zur Krisenkommunikation (bspw. wie die Fachtagung im April 2009 in Berlin) eingestuft. Das bietet einen professionellen Gesprächsraum, sich über Erfahrungen zu verständigen und sich gleichfalls auf mediale Krisen vorzubereiten. Doch um aktuelle Entwicklungen sowie Veränderungen dahingehend zu besprechen, braucht es zeitlich gleichmäßigere Treffen. Die Zeiten und Einflüsse der

Gesellschaft verändern sich sehr zügig. Da könnte eine Fachtagung alle paar Jahre zu wenig sein. Weiterhin könnte die Implementierung eines Krisenkommunikationsmanagements auf der strategischen Ebene eine Erleichterung darstellen, sich dem Thema zu öffnen und an aktuellen Gegebenheiten dranzubleiben.

Mediale Krisen haben zwar einen hohen öffentlichen Fokus, doch die Vielfalt der einflussgebenden Komponenten, neben dem der Medien- und Pressearbeiter*innen, wurde vor der Anfertigung dieser Arbeit unterschätzt. Es bestand der Eindruck, dass Medien eine überdurchschnittliche Kontrolle über Krisen wahren, weshalb der Respekt von dem Aufgreifen eines tragischen Ereignisses sehr groß erscheint. Doch aufgrund dessen, dass Krisen nicht im Akutmoment und somit bei der medialen Bekanntgabe beginnen, sondern ihnen einige weitere Phasen vorwegstehen, sinkt die Sorge, dass Medien alleine die Jugendämter öffentlich ins „Verderben" treiben könnten. Selbstverständlich haben sie ihren einflussgebenden Charakter und der Austausch mit ihnen sollte gut abgestimmt und bedacht verlaufen. Doch entschieden ist der Krisenverlauf damit noch lange nicht. Die Fachbehörde selbst hat den größten Einfluss auf den Krisenverlauf. Es kommt auf die Warnsignale und den Austausch mit der Gesellschaft im Vorfeld an. Im Vorfeld bedeutet nicht, dass zwangsläufig eine Krise eintritt. Doch das Arbeitsfeld ist voller Spannungsladung und Eskalationspotential, dass jederzeit mit einem Kriseneintritt gerechnet werden muss und gegenseitige Kommunikation deshalb immer eine Präventivmaßnahme bedeutet. Daher ist es so wichtig, Warnsignale rechtzeitig zu erkennen. Darüber kann die Fachbehörde den Austausch mit den Anspruchsgruppen selbst in die Hand nehmen. Warnsignale zeigen, welche Bedarfe, Anliegen und Erwartungen an die Fachbehörde gestellt werden. Diese zu ignorieren, würde bedeuten, sich der Managementaufgabe der Krisenkommunikation zu entziehen. Dafür braucht es allerdings Verantwortliche in der Fachbehörde. Es braucht die personellen Kapazitäten, die auf Warnsignale achten und diese entsprechend wertvoll in das Krisenmanagement einarbeiten. Bisher wurde nicht deutlich, dass diese Aufgabe in den Jugendämtern verteilt bzw. diese überhaupt konzeptionell vorgesehen ist. Vielleicht braucht es zusätzliches Personal auf der strategischen Ebene und bedeutet neuen Aufwand und Strukturveränderungen. Die bereits vorhandenen Pressestellen scheinen zu groß gedacht zu sein. Meistens gibt es keine separate/n Person/en, die sich nur der Öffentlichkeitsarbeit des Jugendamtes widmet/n. Deshalb ist es nicht von Verwunderung, dass Öffentlichkeitsarbeit nicht aussagekräftig genug durchgeführt wird. Permanente und planvolle Öffentlichkeitsarbeit trägt jedoch dazu bei, einen Austauschrahmen anzubieten und darüber gebündelt Ansprechpartner*innen für externe Anspruchsgruppen zur Verfügung zu stellen. Die Offenheit, für Anliegen und Erwartungen da sein zu wollen, repräsentiert darüber ein Stück weit Sicherheit und Vertrauen für alle Anspruchsgruppen gleichermaßen.

Wenn der Dialog rundherum (also innerhalb und außerhalb der Fachbehörde) gelingt, dann erst kann Krisenkommunikation gelingen, weil ein nahrhafter Boden und ein flexibler Gedanke dafür geschaffen wurden. Die Fachbehörde kann mit friedlichen Mitteln, wie Aufklärungsarbeit, großes Bewirken. Die Vertrauensförderung mittels Informationsweitergabe verhilft, Augenhöhe zu produzieren. Das wiederum baut Ängste auf beiden Seiten ab – Mitarbeitende werden darin gestärkt, ihr fachliches Handeln angemessen durchzusetzen sowie zu begründen und der Öffentlichkeit werden durch das Aufzeigen fachlicher wie auch staatlicher Vorgaben die Legitimationsprozesse des Jugendamtes nähergebracht. Diese Art der Verständigung könnte eine Gelegenheit dafür sein, Krisensituationen in ihrer Eskalationsstufe zu minimieren.

Einer Fachbehörde muss bewusst sein, dass das Fehlverhalten einzelner Fachkräfte den Ruf der gesamten Institution schädigen kann. Wird ein Fall besonders schwerer Kindeswohlgefährdung erst einmal öffentlich und stellt sich heraus, dass Fehler innerhalb der Fachbehörde gemacht wurden, dann sind die Krisen als besonders schwer zu bewerten. Es hilft nicht, die Verantwortung von sich zu schieben oder die Krise klein zu reden. Vielmehr braucht es für solche Momente erst recht das durchdachte und strukturierte Vorgehen der Fachbehörde. Es sollten Konsequenzen folgen und innerbehördliche Strukturen sowie Prozesse hinterfragt werden. Nach der Krise ist vor der Krise. Nur, wenn auf Krisen angemessen und glaubwürdig reagiert wird und diese im Nachgang strukturiert analysiert werden, können Erkenntnisse dafür gewonnen werden, was mögliche Ursachen für den Kriseneintritt waren, an welcher Stelle

Handlungen versäumt oder Warnsignale nicht erkannt wurden, welcher Schaden letztlich entstanden ist und wie sehr dieser das Vertrauen der externen Anspruchsgruppen beeinflusst hat. Auch hier stellt sich wieder heraus, dass Kommunikation das wichtigste Instrument zur Bewertung und Steuerung darstellt. Mithilfe etablierter Krisenkommunikationsstrukturen kann eine Fachbehörde demnach auch für sich selbst sorgen, weil sie eine Chance bedeuten, Strukturen und Prozesse zu hinterfragen, Veränderungen vorzunehmen, Kommunikations- und Informationswege zu überarbeiten und fehlerhafte Lücken zu schließen. Das Ziel, professionelle Standards zu erhöhen, kann darüber realisiert werden.

Mit der Erstellung des Leitfadens ist eine erste Rahmung entwickelt worden, die zeigt, welche Komplexität hinter der Krisenkommunikation der Jugendämter in Fällen besonders schwerer Kindeswohlgefährdung steckt. Über die Führung durch einzelne Phasen bzw. mitzudenkenden Komponenten wird eine Möglichkeit geboten, sich diesen Leitfaden für die eigene Fachbehörde einmal vorzunehmen und entsprechend anzupassen. Wenn dieses Instrument letztlich im Handlungsalltag der strategischen Ebene eingebettet wird, dann formt sich der Handlungsleitfaden durch permanente Anpassung den Bedürfnissen der eigenen Fachbehörde und deren Umwelt entsprechend. Es können darüber stetige Veränderungen beobachtet und Anknüpfungspunkte für die fachliche sowie kommunikative Steuerung vorgenommen werden.

Alle gewonnenen Erkenntnisse tragen schließlich als Ergebnis zur Antwort der arbeitsleitenden Fragestellung bei. Diese lautet: *Wie können Jugendämter auf negative mediale Berichterstattungen von Fällen besonders schwerer Kindeswohlgefährdung innerhalb wie außerhalb der Fachbehörde vertrauenswürdig reagieren?*

Jugendämter benötigen einen Überblick darüber, was ihre internen sowie externen Anspruchsgruppen erwarten und benötigen. Das schließt die Bestätigung der 1. These[7] ein, dass Krisenbewältigung umfassende Kompetenzen und Ressourcen erfordert, die nicht nur im engen Rahmen der Fachbehörde zu suchen und zu finden sind, sondern weit die

7 1. These: Krisenbewältigung erfordert umfassende Kompetenzen und Ressourcen, die über die Grenzen einer einzelnen Fachbehörde hinausgehen.

Grenzlinien der Institution überschreiten. Es braucht die Übernahme der Verantwortung durch personelle Ressourcen, sich mit diesen Belangen beschäftigen zu wollen. Außerdem sind eigene Wissenslücken zu schließen, indem sich intensiv damit auseinandergesetzt wird, was zu Krisen beiträgt, wie sie zu bewältigen sind, wer alles einflussgebend ist, wie die eigene Rolle darin aussieht, welche Informationen woher beschafft werden können und wie diese zu verarbeiten sind. Deshalb kann auch nicht die Rede davon sein, dass allein der Umgang zwischen Medienvertreter*innen und Fachkräften des Jugendamtes (2. These)[8] ausreichend dafür ist, einschätzen zu können, wie die Krise öffentlich verlaufen wird. Der eigene Anspruch sollte nicht allein darin liegen, bestmöglich öffentlich dazustehen. Vielmehr sollten Fehler eingeräumt, verantwortungsvoll transportiert und auf nachhaltigem Wege und unter Einbezug der öffentlichen Erwartungen abgebaut werden. Zwar ist der kommunikative und partnerschaftliche Umgang mit Medienvertreter*innen einflussgebend auf Berichterstattungen, jedoch beschränkt es sich nicht darauf. Förderliche Kontakte sollten gepflegt und auch zu „Friedenszeiten" mit bereitgestellten Informationen untermauert werden. Damit Jugendämter nicht erst in Krisenzeiten zur Kommunikationspflege übergehen und Krisen nach eigenem Gefühlsempfinden zu lösen beginnen, helfen der Handlungsleitfaden und ein übergeordneter Blick die Krisenkommunikation medialer Natur als Managementaufgabe in der Institution zu verstehen. Es stellt sich tatsächlich heraus, dass Jugendämtern bisher kein einheitliches Material zur Verfügung steht, wie sie eine solche Managementfunktion schaffen können. Sie haben sich bisher auch nicht ausreichend selbstständig damit beschäftigt, „so etwas" für ihre eigene Arbeit auszuarbeiten. Demnach kann die 3. These[9] belegt werden, dass keine konkreten Empfehlungen und Leitlinien vorliegen, an denen sich orientiert werden kann. Es bleibt deshalb erforderlich, dass Jugendämter für sich selbst die Notwendigkeit erkennen (am besten nicht erst, wenn eine Krise passiert

8 2. These: Der Umgang zwischen Medienvertreter*innen und Fachkräften des Jugendamtes bestimmt, wie eine mediale Krise verläuft.

9 3. These: Jugendämter sind angehalten Krisen auf eigenständige Weise anzugehen. Ein für alle vereinheitlichtes Konzept, wie kommunikativ mit Krisen umgegangen wird, liegt nicht vor.

ist) und tatsächlich Ressourcen dafür bündeln oder erweitern. Das sorgt am Ende nicht nur dafür, dass sie selbstsicherer auf Krisen zugehen, sondern in der Öffentlichkeit das Bild erwecken, vertrauensvoll auftreten zu wollen und die Kontrolle über jegliche Situationen und den Gesprächsaustausch behalten möchten. Krisenkommunikationsmanagement kann demnach nicht nebenbei erfolgen. Es erfordert ein Hauptaugenmerk und stellt damit eine umfangreiche sowie permanente Aufgabe dar.

Im Möglichkeitsrahmen der Bewältigung dieser Problemstellung muss festgestellt werden, dass die Erkenntnisse lediglich aus dem vorhandenen Material geschöpft wurden. Tatsächlich würde es sich anbieten, Jugendämter genauer unter die Lupe zu nehmen und eine empirische Darstellung ihres Krisenkommunikationsumgangs vorzunehmen. Auch könnte dieser Handlungsleitfaden als weiterer wissenschaftlicher Untersuchungsschritt auf seine praktische Anwendbarkeit, Formbarkeit und Nützlichkeit hin überprüft und ausgewertet werden. Daher handelt es sich hier lediglich um theoretische Möglichkeiten, wie auf Krisen kommunikativ reagiert werden kann, wenn diese medial aufgegriffen werden. Bis jetzt kann nur davon ausgegangen werden, dass dieser Handlungsleitfaden eine nützliche Hilfe für die praktische Arbeit ist. Demzufolge müsste dieser erst etabliert, angepasst und erprobt werden. Das erarbeitete Konzept stellt somit keine garantierte Erfolgsaussicht dar. Auch muss bedacht werden, dass jede Kinderschutzfachbehörde unter anderen politischen, strukturellen, personellen und umfeldbezogenen Kontexten steht und deshalb die Vereinbarkeit des Handlungskonzeptes auf die entsprechende Fachbehörde überprüft werden müsste. Um diese weiteren Erkenntnisse zu gewinnen, ist es wünschenswert, wenn der Handlungsleitfaden seinen praktischen Einsatz findet und Aufschluss über weitere Handlungsschritte geben wird, wie die Krisenkommunikation deutscher Jugendämter unter all den wachsenden Umständen und epochalen Veränderungen fortlaufend gelingen kann.

Literaturverzeichnis

Ackermann, Timo (2017): Über das Kindeswohl entscheiden: Eine ethnografische Studie zur Fallarbeit im Jugendamt. Bielefeld: transcript Verlag. Verfügbar unter: https://www.transcript-verlag.de/978-3-8376-3751-9/ueber-das-kindeswohl-entscheiden/ [31.07.2023].

Bachmann, Susanne/Ternès von Hattburg, Anabel (2021): Effiziente Krisenkommunikation – transparent und authentisch: Wie Kommunikation in extremen Situationen heute aussehen muss, um Organisationen zukunftsfähig zu machen. 2., aktual. und erw. Aufl. Wiesbaden: Springer Gabler. Verfügbar unter: https://doi.org/10.1007/978-3-658-34883-0 [28.03.2023].

Baier-Fuchs, Anfried (2008): Machen die Medien die Krise? Trifft es immer nur die anderen? Warum und wie sich jedes Unternehmen auf den Ernstfall vorbereiten sollte. In: *Nolting, Tobias/Thießen, Ansgar* (Hrsg.) (2008): Krisenmanagement in der Mediengesellschaft: Potenziale und Perspektiven der Krisenkommunikation. Wiesbaden: VS Verlag für Sozialwissenschaften. S. 218–225.

Barth, Michael (2022): Gewichtige Anhaltspunkte für Kindeswohlgefährdung in der frühen Kindheit aus medizinischer und psychologischer Perspektive. Expertise. Beiträge zur Qualitätsentwicklung im Kinderschutz 10. Hrsg.: Nationales Zentrum Frühe Hilfen (NZFH). Köln. Verfügbar unter: https://doi.org/10.17623/NZFH:QE-GAfK-E [18.07.2023].

Beckmann, Kathinka (2014): Kinderschutz in öffentlicher Verantwortung: Eine Verlaufsstudie von 346 Werdegängen im Kontext kommunaler Sozial- und Haushaltspolitik. 2., aktual. und erw. Aufl. Frankfurt/M.: Wochenschau Verlag. Verfügbar unter: https://www.wochenschau-verlag.de/

Kinderschutz-in-oeffentlicher-Verantwortung/40004-Print-41452-PDF [18.07.2023].

Berth, Felix: Krisenkommunikation im Jugendamt. Journalistische Praktiken, strategische Reaktionen. In: Das Jugendamt 88. Jg., H. 2, (2015). S. 66–69. Verfügbar unter: https://www.researchgate.net/publication/275341004_Krisenkommunikation_im_Jugendamt_Journalistische_Praktiken_strategische_Reaktionen [27.03.2023].

Blöbaum, Bernd (2022): Vertrauen, Misstrauen und Medien. Wiesbaden: Springer VS. Verfügbar unter: https://link.springer.com/book/10.1007/978-3-658-38558-3 [18.07.2023].

Blüml, Herbert (2006 a): Welche Angebote und Hilfen stehen dem ASD im Fall einer Beeinträchtigung oder Gefährdung des Kindeswohls zur Verfügung? In: *Blüml, Herbert/Kindler, Heinz/Lillig, Susanna/Meysen, Thomas/Werner, Annegret* (Hrsg.) (2006): Handbuch Kindeswohlgefährdung nach § 1666 BGB und Allgemeiner Sozialer Dienst (ASD). München: Deutsches Jugendinstitut e. V. Kapitel 78.

Blüml, Herbert (2006 b): Wie kann die Öffentlichkeitsarbeit zum Thema Kindeswohlgefährdung gestaltet werden? In: *Blüml, Herbert/Kindler, Heinz/Lillig, Susanna/Meysen, Thomas/Werner, Annegret* (Hrsg.) (2006): Handbuch Kindeswohlgefährdung nach § 1666 BGB und Allgemeiner Sozialer Dienst (ASD). München: Deutsches Jugendinstitut e. V. Kapitel 42.

Blüml, Herbert/Kindler, Heinz/Lillig, Susanna/Meysen, Thomas/Werner, Annegret (Hrsg.) (2006): Handbuch Kindeswohlgefährdung nach § 1666 BGB und Allgemeiner Sozialer Dienst (ASD). München: Deutsches Jugendinstitut e. V.

Brandhorst, Felix (2015): Kinderschutz und Öffentlichkeit: Der „Fall Kevin" als Sensation und Politikum. Wiesbaden. Springer VS. Verfügbar unter: https://link.springer.com/book/10.1007/978-3-658-09862-9 [01.08.2023].

Bremische Bürgerschaft (2007): Bericht des Untersuchungsausschusses zur Aufklärung von mutmaßlichen Vernachlässigungen der Amtsvormundschaft und Kindeswohlsicherung durch das Amt für Soziale Dienste. Drucksache 16/1381. Verfügbar unter: https://jugendhilfeportal.de/material/abschlussbericht-des-untersuchungsausschuss-kindeswohl-zur-aufklaerung-von-mutmasslichen-kindesvernachlaessigungen-im-fall-kevin-in-bremen [30.07.2023].

Brendel, Mara: Sicher handeln bei Verdacht auf Kindeswohlgefährdung. In: Pädagogik Zeitschrift Ausg. 12 (2021), S. 46–49.

Brößkamp, Anselm (2009): Umgang mit Medienvertretern zwischen Ergebnisvermittlung und Fehleranalyse. In: *Deutsches Institut für Urbanistik GmbH* (2009): Das Jugendamt im Spiegel der Medien: Hilfen und Hinweise im Umgang mit Medien/Krisenmanagement. Aktuelle Beiträge zur Kinder- und Jugendhilfe 72. Dokumentation der Fachtagung am 23. und 24. April 2009. Berlin. S.103–107.

Brückner, Jörg (2019): Einbindung der Krisenkommunikation ins Krisenmanagement. In: *Meißner, Jana/Schach, Annika* (Hrsg.) (2019): Professionelle Krisenkommunikation: Basiswissen, Impulse und Handlungsempfehlungen für die Praxis. Wiesbaden: Springer Gabler. S. 63–74.

Brühwiler, Bruno (2016): Risikomanagement als Führungsaufgabe: Umsetzung bei strategischen Entscheidungen und operationellen Prozessen. 4., aktual. Aufl. Bern: Haupt Verlag. Verfügbar unter: https://www.haupt.ch/buecher/soziales-wirtschaft/risikomanagement-als-fuehrungsaufgabe.html [07.08.2023].

Buchholz, Ulrike/Knorre, Susanne (2019): Interne Kommunikation und Unternehmens-führung: Theorie und Praxis eines kommunikationszentrierten Managements. Wiesbaden: Springer Gabler. Verfügbar unter: https://link.springer.com/book/10.1007/978-3-658-23432-4 [18.07.2023].

Bulkow, Christin/Petersen, Christa (Hrsg.) (2011): Skandale: Strukturen und Strategien öffentlicher Aufmerksamkeitserzeugung. Wiesbaden: VS Verlag für Sozialwissenschaften. Verfügbar unter: https://www.springer-professional.de/skandale/6656266 [19.07.2023].

Bundesministerium des Innern (BMI) (Hrsg.) (2014): Leitfaden Krisenkommunikation. Berlin. Verfügbar unter: https://www.bmi.bund.de/SharedDocs/downloads/DE/publikationen/themen/bevoelkerungsschutz/leitfaden-krisenkommunikation.html [18.07.2023].

Burkhardt, Steffen (2011): Skandal, medialisierter Skandal, Medienskandal: Eine Typologie öffentlicher Empörung. In: *Bulkow, Christin/Petersen, Christa* (Hrsg.) (2011): Skandale: Strukturen und Strategien öffentlicher Aufmerksamkeitserzeugung. Wiesbaden: VS Verlag für Sozialwissenschaften. S. 131–155.

Coombs, Timothy W. (2010): Parameters for Crisis Communication. In: *Coombs, W. Timothy/Holladay, Sherry J.* (Hrsg.) (2010): The Handbook of Crisis Communication. Oxford: Wiley-Blackwell. S. 17–53.

Coombs, Timothy W. (2015): Ongoing Crisis Communication: Planning, Managing, and Responding. 4. Edition. California: Sage.

Coombs, W. Timothy/Holladay, Sherry J. (Hrsg.) (2010): The Handbook of Crisis Communication. Oxford: Wiley-Blackwell.

Coombs, Timothy W./Tachkova, Elina R. (2022): Communicating in Extreme Crises: Lessons from the Edge. New York: Routledge.

Deutsches Institut für Urbanistik GmbH (2009): Das Jugendamt im Spiegel der Medien: Hilfen und Hinweise im Umgang mit Medien/Krisenmanagement. Aktuelle Beiträge zur Kinder- und Jugendhilfe 72. Dokumentation der Fachtagung am 23. und 24. April 2009. Berlin. Verfügbar unter: https://repository.difu.de/handle/difu/182363 [03.04.2023].

Donges, Patrick/Röttger, Ulrike/Zerfaß, Ansgar (Hrsg.) (2021): Handbuch Public Affairs: Politische Kommunikation für Unternehmen und Organisationen. Wiesbaden: Springer Gabler. Verfügbar unter: https://link.springer.com/book/10.1007/978-3-658-22931-3 [09.08.2023].

Drews, Julia (2018): Risikokommunikation und Krisenkommunikation: Kommunikation von Behörden und die Erwartungen von Journalisten. Wiesbaden: Springer VS. Verfügbar unter: https://link.springer.com/book/10.1007/978-3-658-20015-2 [27.03.2023].

Einwiller, Sabine/Korn, Christine (2016): Negative Medienberichterstattung über Organisationen – Ihre Bedeutung für Mitarbeitende und interne Kommunikation. In: *Huck-Sandhu, Simone* (Hrsg.) (2016): Interne Kommunikation im Wandel: Theoretische Konzepte und empirische Befunde. Wiesbaden: Springer VS. S. 123–141.

Enders, Sonja (2009): Das Jugendamt im Spiegel der Medien. Aktuelle Forschungsergebnisse. In: *Deutsches Institut für Urbanistik GmbH* (2009): Das Jugendamt im Spiegel der Medien: Hilfen und Hinweise im Umgang mit Medien/Krisenmanagement. Aktuelle Beiträge zur Kinder- und Jugendhilfe 72. Dokumentation der Fachtagung am 23. und 24. April 2009. Berlin. S. 71–88.

Enders, Sonja (2013): Das Jugendamt im Spiegel der Medien: Zerrbild zwischen Verantwortung und Versagen? Weinheim und Basel: Beltz Juventa.

Verfügbar unter: https://www.fachportal-paedagogik.de/literatur/vollanzeige.html?FId=1024794 [01.08.2023].

Fangerau, Heiner/Fegert, Jörg Michael/Ziegenhain, Ute (2010): Problematische Kinderschutzverläufe: Mediale Skandalisierung, fachliche Fehleranalyse und Strategien zur Verbesserung des Kinderschutzes. Weinheim und München: Juventa.

Forster, Thomas/Gruber, Armin/Ulrich, Immanuel/Ulrich, Rainer E. (2023): Unternehmenskrisen erfolgswirksam managen: Strategische Business Transformation als Königsdisziplin. 2., aktual. Aufl. Berlin: Springer Gabler. Verfügbar unter: https://link.springer.com/book/10.1007/978-3-662-66817-7 [21.08.2023].

Fricke, Ernst (2010): Recht für Journalisten: Presse – Rundfunk – Neue Medien. 2., völlig überarb. Aufl. Konstanz: UVK Verlagsgesellschaft.

Götte, Stephanie/Meysen, Thomas/Schönecker, Lydia (2013): Rechtsgutachten- zu Rechtsfragen im Zusammenhang mit der Analyse problematischer Kinderschutzfälle. Beiträge zur Qualitätsentwicklung im Kinderschutz 3. Hrsg.: Nationales Zentrum Frühe Hilfen (NZFH). Köln. Verfügbar unter: https://www.fruehehilfen.de/service/publikationen/einzelansicht-publikationen/titel/rechtsgutachten-zu-rechtsfragen-im-zusammenhang-mit-der-analyse-problematischer-kinderschutzfaelle/ [18.07.2023].

Hahn, Silke (2018): Krisenmanagement und Krisenkommunikation: Phasen, Zielgruppen, Wirkhebel und das Prinzip Hoffnung. In: *Hahn, Silke/Neuss, Zeljka* (Hrsg.) (2018): Krisenkommunikation in Tourismusorganisationen: Grundlagen, Praxis, Perspektiven. Wiesbaden: Springer VS. S. 35–57.

Hahn, Silke/Neuss, Zeljka (Hrsg.) (2018): Krisenkommunikation in Tourismusorganisationen: Grundlagen, Praxis, Perspektiven. Wiesbaden: Springer VS. Verfügbar unter: https://doi.org/10.1007/978-3-658-20628-4 [27.03.2023].

Hein, Rüdiger: Kindeswohlgefährdung feststellen. In: Pädagogik Zeitschrift Ausg. 9 (2022), S. 40–42.

Hitschfeld, Uwe/Krebber, Felix (2021): Akzeptanz und Legitimation von Unternehmen in modernen Gesellschaften: Kommunikative Herausforderung für Unternehmen und Interessensgruppen. In: *Donges, Patrick/Röttger, Ulrike/Zerfaß, Ansgar* (Hrsg.) (2021): Handbuch Public Affairs: Politische Kommunikation für Unternehmen und Organisationen. Wiesbaden: Springer Gabler. S. 233–257.

Hoberg, Franziska (2020): Bedeutung und Wirkungspotentiale effizienter Krisenkommunikation: Vertrauen aufbauen, Misstrauen reduzieren. Wiesbaden: Springer. Verfügbar unter: https://www.springerprofessional.de/bedeutung-und-wirkungspotentiale-effizienter-krisenkommunikation/17271488 [19.07.2023].

Huck-Sandhu, Simone (Hrsg.) (2016): Interne Kommunikation im Wandel: Theoretische Konzepte und empirische Befunde. Wiesbaden: Springer VS. Verfügbar unter: https://link.springer.com/chapter/10.1007/978-3-658-11022-2_14 [27.03.2023].

Imhof, Kurt (2014): Reputationskrisen. In: *Thießen, Ansgar* (Hrsg.) (2014): Handbuch Krisenmanagement. 2. Aufl. Wiesbaden: Springer VS. S. 71–94.

Kindler, Heinz (2006): Was ist unter Vernachlässigung zu verstehen? In: *Blüml, Herbert/Kindler, Heinz/Lillig, Susanna/Meysen, Thomas/Werner, Annegret* (Hrsg.) (2006): Handbuch Kindeswohlgefährdung nach § 1666 BGB und Allgemeiner Sozialer Dienst (ASD). München: Deutsches Jugendinstitut e. V. Kapitel 3.

Kindler, Heinz/Reinhold, Claudia (2006): Was ist über Eltern, die ihre Kinder gefährden, bekannt? In: *Blüml, Herbert/Kindler, Heinz/Lillig, Susanna/Meysen, Thomas/Werner, Annegret* (Hrsg.) (2006): Handbuch Kindeswohlgefährdung nach § 1666 BGB und Allgemeiner Sozialer Dienst (ASD). München: Deutsches Jugendinstitut e. V. Kapitel 18.

Kindler, Heinz/Spangler, Gottfried (2006): Welche Hilfen brauchen Eltern, bei denen Kinder nach einer Kindeswohlgefährdung weiterhin ihren Lebensmittelpunkt haben? In: *Blüml, Herbert/Kindler, Heinz/Lillig, Susanna/Meysen, Thomas/Werner, Annegret* (Hrsg.) (2006): Handbuch Kindeswohlgefährdung nach § 1666 BGB und Allgemeiner Sozialer Dienst (ASD). München: Deutsches Jugendinstitut e. V. Kapitel 93.

Kindler, Heinz: Kinderschutz in Europa. In: Sozialmagazin. Die Zeitschrift für Soziale Arbeit Ausg. 10 (2019), S. 22–27.

Konken, Michael (2009): Das Jugendamt aus Sicht der Medien – Kommunikation in kritischen Situationen. Was erwarten Medienvertreter/innen von der Jugendhilfe? Wie kann Kommunikation in der Zusammenarbeit gelingen oder misslingen? In: *Deutsches Institut für Urbanistik GmbH* (2009): Das Jugendamt im Spiegel der Medien: Hilfen und Hinweise im Umgang mit Medien/Krisenmanagement. Aktuelle Beiträge zur Kinder-

und Jugendhilfe 72. Dokumentation der Fachtagung am 23. und 24. April 2009. Berlin. S. 32–49.

Krystek, Ulrich/Lentz, Mischa (2014): Unternehmenskrisen: Beschreibung, Ursachen, Verlauf und Wirkungen überlebenskritischer Prozesse im Unternehmen. In: *Thießen, Ansgar* (Hrsg.) (2014): Handbuch Krisenmanagement. 2. Aufl. Wiesbaden: Springer VS. S. 31–53.

Larsson, Larsåke (2010): Crisis and Learning. In: *Coombs, W. Timothy/Holladay, Sherry J.* (Hrsg.) (2010): The Handbook of Crisis Communication. Oxford: Wiley-Blackwell. S. 713–718.

Löffelholz, Martin/Schwarz, Andreas (2022): Krisenkommunikation: Vorbereitung, Um-setzung, Erfolgsfaktoren. In: *Piwinger, Manfred/Röttger, Ulrike/Zerfaß, Ansgar* (Hrsg.) (2022): Handbuch Unternehmenskommunikation: Strategie – Management – Wertschöpfung. 3., vollst. überarb. und erw. Aufl. Wiesbaden: Springer Gabler. S. 963–979.

Malczok, Melanie/Szyszka, Peter (2016): Interne Kommunikation – ein Begriff revisited. In: *Huck-Sandhu, Simone* (Hrsg.) (2016): Interne Kommunikation im Wandel: Theoretische Konzepte und empirische Befunde. Wiesbaden: Springer VS. S. 23–39.

Mast, Claudia (2020): Unternehmenskommunikation: Ein Leitfaden. 8., überarb. Aufl. München: UKV Verlag. Verfügbar unter: https://www.utb.de/doi/book/10.36198/9783838554808 [18.07.2023].

Mast, Claudia (2022): Interne Unternehmenskommunikation: Mitarbeiter und Führungskräfte informieren und motivieren. In: *Piwinger, Manfred/Röttger, Ulrike/Zerfaß, Ansgar* (Hrsg.) (2022): Handbuch Unternehmenskommunikation: Strategie – Management – Wertschöpfung. 3., vollst. überarb. und erw. Aufl. Wiesbaden: Springer Gabler. S. 839–858.

Meißner, Jana/Schach, Annika (Hrsg.) (2019): Professionelle Krisenkommunikation: Basiswissen, Impulse und Handlungsempfehlungen für die Praxis. Wiesbaden: Springer Gabler. Verfügbar unter: https://link.springer.com/book/10.1007/978-3-658-25429-2 [19.07.2023].

Merten, Klaus (2014): Krise, Krisenmanagement und Krisenkommunikation. In: *Thießen*, Ansgar (Hrsg.) (2014): Handbuch Krisenmanagement. 2. Aufl. Wiesbaden: Springer VS. S. 155–175.

Messer, Bernhard (2019): Der Nutzen von Medientrainings für Krisenmanagement und Kommunikation. In: *Meißner, Jana/Schach, Anni-*

ka (Hrsg.) (2019): Professionelle Krisenkommunikation: Basiswissen, Impulse und Handlungsempfehlungen für die Praxis. Wiesbaden: Springer Gabler. S. 201–213.

Meysen, Thomas/Schmid, Heike (2006): Was ist unter Kindeswohlgefährdung zu verstehen? In: *Blüml, Herbert/Kindler, Heinz/Lillig, Susanna/Meysen, Thomas/Werner, Annegret* (Hrsg.) (2006): Handbuch Kindeswohlgefährdung nach § 1666 BGB und Allgemeiner Sozialer Dienst (ASD). München: Deutsches Jugendinstitut e. V. Kapitel 2.

Nolting, Tobias/Thießen, Ansgar (Hrsg.) (2008): Krisenmanagement in der Mediengesellschaft: Potenziale und Perspektiven der Krisenkommunikation. Wiesbaden: VS Verlag für Sozialwissenschaften. Verfügbar unter: https://www.springerprofessional.de/krisenmanagement-in-der-mediengesellschaft/6655040 [19.07.2023].

Piwinger, Manfred/Röttger, Ulrike/Zerfaß, Ansgar (Hrsg.) (2022): Handbuch Unternehmenskommunikation: Strategie – Management – Wertschöpfung. 3., vollst. überarb. und erw. Aufl. Wiesbaden: Springer Gabler. Verfügbar unter: https://link.springer.com/book/10.1007/978-3-658-22933-7 [21.08.2023].

Raack, Wolfgang (2006): Worin besteht die Aufgabenstellung des ASD bei Kindeswohlgefährdungen aus familien- und jugendhilferechtlicher Sicht? In: *Blüml, Herbert/Kindler, Heinz/Lillig, Susanna/Meysen, Thomas/Werner, Annegret* (Hrsg.) (2006): Handbuch Kindeswohlgefährdung nach § 1666 BGB und Allgemeiner Sozialer Dienst (ASD). München: Deutsches Jugendinstitut e. V. Kapitel 34.

Reichmann, Ute (2022): Schreiben und Dokumentieren in der Sozialen Arbeit: Struktur, Orientierung und Reflexion für die berufliche Praxis. 2. überarb. und aktual. Aufl. Leverkusen: Verlag Barbara Budrich. Verfügbar unter: https://www.utb.de/doi/book/10.36198/9783838559247 [18.07.2023].

Remus, Nadine (2016): Emotionen als Gestaltungsvariablen eines integrativ-reflexiven Internen Kommunikationsmanagements. In: *Huck-Sandhu, Simone* (Hrsg.) (2016): Interne Kommunikation im Wandel: Theoretische Konzepte und empirische Befunde. Wiesbaden: Springer VS. S. 179–197.

Rothenberger, Liane/Schleicher, Kathrin/Schwarz, Andreas/Srugies, Alice (2016 a): Krise im Jugendamt: Leitfaden zur strategischen Krisenkommunikation für Kommunen. Hrsg.: Nationales Zentrum Frühe Hilfen (NZFH) in der Bundeszentrale für gesundheitliche Aufklärung (BZgA). Köln. Verfügbar unter: https://shop.bzga.de/krise-im-jugendamt-leitfaden-zur-strategischen-krisenkommunikation-f-16000179/ [27.03.2023].

Rothenberger, Liane/Schleicher, Kathrin/Schwarz, Andreas/Srugies, Alice (2016 b): Krisenmanagement aus interner Perspektive: Analyse der Krisenkommunikation in deutschen Jugendämtern. In: *Huck-Sandhu, Simone* (Hrsg.) (2016): Interne Kommunikation im Wandel: Theoretische Konzepte und empirische Befunde. Wiesbaden: Springer VS. S. 225–246.

Rothenberger, Liane/Schleicher, Kathrin/Schwarz, Andreas/Srugies, Alice (2017): Die Krisenkommunikation von Jugendämtern in Deutschland: Befunde zur Medienberichterstattung und strategischen Kommunikation insbesondere im Kontext schwerer Fälle von Kindeswohlgefährdung. Ilmenau: Universitätsverlag. Verfügbar unter: https://www.fruehehilfen.de/service/publikationen/einzelansicht-publikationen/titel/die-krisenkommunikation-von-jugendaemtern-in-deutschland/ [27.03.2023].

Schach, Annika (2019): Die Macht der Sprache. In: *Meißner, Jana/Schach, Annika* (Hrsg.) (2019): Professionelle Krisenkommunikation: Basiswissen, Impulse und Handlungsempfehlungen für die Praxis. Wiesbaden: Springer Gabler. S. 235–247.

Schmid-Egger, Christian (2013): Medientraining. Konstanz und München: UKV Verlagsgesellschaft.

Stehle, Lothar (2011): Handbuch: Praktische Öffentlichkeitsarbeit in der Kinder- und Jugendhilfe. Hrsg.: Bundesarbeitsgemeinschaft Landesjugendämter (BAG). Köln. Verfügbar unter: https://jugendhilfeportal.de/material/praktische-oeffentlichkeitsarbeit-in-der-kinder-und-jugendhilfe [18.07.2023].

Steinke, Lorenz (2018): Kommunizieren in der Krise: Nachhaltige PR-Werkzeuge für schwierige Zeiten. 2., überarb. Aufl. Wiesbaden: Springer Gabler. Verfügbar unter: https://link.springer.com/book/10.1007/978-3-658-14646-7 [18.07.2023].

Störmer, Maja (2022): Krisenkommunikation in der digitalen Gesellschaft: Strategien und Lösungsansätze für eine nachhaltige Kommunikation. Bielefeld: transcript Verlag. Verfügbar unter: https://doi.org/10.14361/9783839459546 [19.07.2023].

Thießen, Ansgar (2011): Organisationskommunikation in Krisen: Reputationsmanagement durch situative, integrierte und strategische Krisenkommunikation. Wiesbaden: VS Verlag für Sozialwissenschaften. Verfügbar unter: https://www.springerprofessional.de/organisationskommunikation-in-krisen/6656318 [19.07.2023].

Thießen, Ansgar (Hrsg.) (2014): Handbuch Krisenmanagement. 2. Aufl. Wiesbaden: Springer VS. Verfügbar unter: https://link.springer.com/book/10.1007/978-3-658-04293-6 [07.08.2023].

Werner, Heinz-Hermann (2006): Worin besteht die Aufgabenstellung des ASD bei Kindeswohlgefährdungen aus dienst- und arbeitsrechtlicher Sicht? In: *Blüml, Herbert/Kindler, Heinz/Lillig, Susanna/Meysen, Thomas/Werner, Annegret* (Hrsg.) (2006): Handbuch Kindeswohlgefährdung nach § 1666 BGB und Allgemeiner Sozialer Dienst (ASD). München: Deutsches Jugendinstitut e. V. Kapitel 33.

Wiesner, Reinhard (2006): Was sagt die Verfassung zum Kinderschutz? In: *Blüml, Herbert/Kindler, Heinz/Lillig, Susanna/Meysen, Thomas/Werner, Annegret* (Hrsg.) (2006): Handbuch Kindeswohlgefährdung nach § 1666 BGB und Allgemeiner Sozialer Dienst (ASD). München: Deutsches Jugendinstitut e. V. Kapitel 1.

Wiske, Jana (2020): Krisenkommunikation allgemein. In: *Wiske, Jana* (Hrsg.) (2020): Krisenkommunikation komplex: 11 Analysen prominenter Fälle mit medialer Einordnung und Nachbetrachtung beteiligter Experten. Köln: Herbert von Halem Verlag. S. 15–25.

Wiske, Jana (Hrsg.) (2020): Krisenkommunikation komplex: 11 Analysen prominenter Fälle mit medialer Einordnung und Nachbetrachtung beteiligter Experten. Köln: Herbert von Halem Verlag. Verfügbar unter: https://www.halem-verlag.de/produkt/krisenkommunikation-komplex/ [19.07.2023].

Wittner, Renate (2006): Wie kann mit Todesfällen oder schweren Schädigungen eines / einer Minderjährigen im eigenen Zuständigkeitsbereich umgegangen werden? In: *Blüml, Herbert/Kindler, Heinz/Lillig, Susanna/Meysen, Thomas/Werner, Annegret* (Hrsg.) (2006): Handbuch Kindeswohlgefährdung nach § 1666 BGB und Allgemeiner Sozialer Dienst (ASD). München: Deutsches Jugendinstitut e. V. Kapitel 129.

Zerfaß, Ansgar (2022): Unternehmenskommunikation und Kommunikationsmanagement: Grundlagen, Handlungsfelder und Wertschöpfung. In:

Piwinger, Manfred/Röttger, Ulrike/Zerfaß, Ansgar (Hrsg.) (2022): Handbuch Unternehmenskommunikation: Strategie – Management – Wertschöpfung. 3., vollst. überarb. und erw. Aufl. Wiesbaden: Springer Gabler. S. 29–87.

Anhang

Checkliste zu „Prävention durch konsequenten Dialog“
Ergänzung zum Handlungsleitfaden

Was ist zu tun? Was gilt es zu beachten? Wurde daran gedacht?	Erledigt?	Anmerkungen
Untersuchung der Kommunikationskultur innerhalb der Fachbehörde: • Wie sind die innerbehördlichen Kommunikationswege? • Wie stehen die Mitarbeitenden zu ihrem/r Arbeitgeber*in? (Identifikation? / Loyalität?) • Was wird gemacht, damit die Leistungs-, Handlungsfähigkeit der Mitarbeitenden gefördert wird? Wie wird die Motivation gefördert? • Wie wird die Fachbehörde auf Fehler in Fallverläufen besonders schwerer Kindeswohlgefährdung aufmerksam? Welche Fehlerkultur wird gelebt? • Reichen die vorhandenen Dokumentationsstandards aus, um Fallverläufe inhaltlich nachvollziehen zu können? • Welches Krisenbewusstsein existiert innerhalb der Fachbehörde? • Welche Risiken gehen von der internen Anspruchsgruppe aus?		

Krisenteam/Krisenstab einrichten: • Wer sind die Mitglieder des Krisenteams? • Welche Funktion hat jedes Mitglied? Wer spricht mit Journalist*innen? Wer ist für öffentliche Ansprachen/Berichte zuständig? • Wann und wo kommt das Krisenteam regelmäßig zusammen? • Werden Krisen geübt? Wie? • Auf welche externen Fachexperten können die Mitglieder im Bedarfsfall zurückgreifen?		
Eigene Pressestelle etablieren: • Wird aktive Öffentlichkeitsarbeit geleistet? Wie sieht diese aus? Was kann noch gemacht werden? Was braucht der Bezirk/die Kommune? • Wurde ein Anspruchsgruppenraster erstellt? Wer gehört zu den internen und externen Anspruchsgruppen? Wird das Raster regelmäßig überarbeitet und ergänzt? • Welches Thema/eigenes Anliegen wird wie der Öffentlichkeit vermittelt? Was soll damit erreicht werden? • Wie leistet die Kinderschutzfachbehörde aktive Aufklärungsarbeit zu Kindeswohlgefährdung, Risiken im Bezirk/Kommune, Elternrechte und -pflichten?		
Informationsquellen nutzen und erweitern: • Wer sind die Informationsquellen der Fachbehörde? Mit wem kann sich gut ausgetauscht werden? In welchem Rahmen wird sich ausgetauscht (bspw. bei Fachtagungen, Fortbildungen)? Könnte ein gemeinsamer Informationsraum geschaffen werden? Welcher? Mit wem? • Auf welche bereits laufenden Dokumente zu früheren medialen Krisen kann zurückgegriffen werden? • Welche Beobachtungen können zu den Anliegen der Adressat*innen gemacht werden?		

Untersuchung der Kommunikationskultur außerhalb der Fachbehörde: • Gibt es einen Dialog mit den externen Anspruchsgruppen? Wie sieht dieser aus? Was wird benötigt, um diesen herzustellen/zu verbessern? • Was sind die Anliegen/Erwartungen der Öffentlichkeit/Adressat*innen an die Fachbehörde? • Wie wird die Fachbehörde in dem Bezirk/der Kommune wahrgenommen? • Welche Risiken gehen von den externen Anspruchsgruppen aus? Werden externe Anspruchsgruppen über Risiken innerhalb der Kinderschutzarbeit informiert? • Wie erhält die Öffentlichkeit Informationen über die Fachbehörde?		
Stärken und Schwächen analysieren: • Was sind die Stärken und Ressourcen der Fachbehörde? Worauf kann aufgebaut werden? • Was sind die Schwächen der Fachbehörde? Wo braucht es eine Verbesserung innerhalb der Fachbehörde? Was kann nach außen hin verbessert werden?		
...		

Die Checkliste kann und sollte mit erworbenem Wissen und durch Erkenntnisse des kontinuierlichen Dialogs stetig erweitert werden.

Checkliste zu „Vorbereitungsmaßnahmen treffen“
Ergänzung zum Handlungsleitfaden

Was ist zu tun? Was gilt es zu beachten? Wurde daran gedacht?	Erledigt?	Anmerkungen
Krisenkonzept entwickeln: • Mitglieder des Krisenteams festlegen/ernennen • Wer trägt welche Verantwortung und Funktion? Wer ist wie und wann erreichbar? (Kontaktliste erstellen) • Was ist die Zielstellung des Krisenteams? • Wer ist zentrale/r Ansprechpartner*in für die internen und externen Anspruchsgruppen? Über welche Wege gelangen Kriseninformationen zu einem Fall von der operativen Ebene auf die strategische Ebene? • Wer entscheidet über was? • Wie werden die Informationen vom Krisenteam an die Mitarbeitenden und nach außen transportiert? Wer erhält welche Informationen? Welche medialen Nutzarten können gewählt werden, um Informationen zu teilen? • Welche Informationen liegen zu bisherigen Krisen oder aus fremden Erfahrungen vor? Welche möglichen Einstufungen von Krisenausmaßen gibt es? Wann handelt es sich um eine leichte, mittelschwere oder schwere Krise? • Welche grundlegenden Fragen könnte die Presse stellen? Wie würde darauf reagiert werden? Wie könnte der erste Auftritt erfolgen? • Wie erreicht das Krisenkonzept die Mitarbeitenden? Wo wird es intern zur Verfügung gestellt? • Wer aktualisiert das Konzept? • Welche externen Anspruchsgruppen sind wie erreichbar? (für die eigene Informationsgewinnung und den schnellen Austausch)		

Krisen- und Medientrainings durchführen: • Welche Krisen- und Medientrainings werden durchgeführt? Wie oft? Wer besucht welches Training? • Braucht es Anpassungen/Nachbesprechungen im Krisenteam/unter den Mitarbeitenden nach dem Training?		
...		

Die Checkliste kann und sollte mit erworbenem Wissen und durch Erkenntnisse des kontinuierlichen Dialogs stetig erweitert werden.

Checkliste zu „Reaktion auf Krise mittels Kommunikation & Maßnahmen“
Ergänzung zum Handlungsleitfaden

Was ist zu tun? Was gilt es zu beachten? Wurde daran gedacht?	Erledigt?	Anmerkungen
Kommunikationsablauf bei akutem Kriseneintritt (bspw. ein Fall besonders schwerer Kindeswohlgefährdung gerät an die Öffentlichkeit):		
1. Krisenteam einberufen (Währenddessen stets dokumentieren!)		
2. Klären: Was ist wann, wie und warum passiert? Welche Informationen werden dazu noch benötigt? Woher werden diese genommen (Informationsquellen nutzen)? Fallverlauf vornehmen/Aktendokumentationen hinzuziehen		
3. Risiko und Schadensausmaß einschätzen, erste Maßnahmen ableiten		
4. Inhaltliches Vorbereiten auf die anstehende Informationsweitergabe (eigenes Anliegen, notwendige Botschaften)		
5. Informieren der Mitarbeitenden (je nach Ausmaß Abteilung oder gesamte Fachbehörde) über die Krisensituation. Über Intranet oder persönlich? Welche Emotionalität herrscht deshalb innerhalb der Fachbehörde? Mitarbeitende darüber informieren, wie sie auf dem Laufenden gehalten werden		
6. Herantreten an die Presse und Bereitstellen erster Informationen und eigene Absicht nahebringen, dass Klärung erfolgt und sich dann erneut an die Presse gewandt wird (auf kalkulierte Botschaften achten)*		
7. Öffentliche Reaktionen wahrnehmen		
8. Interne Klärung/Aufarbeitung des Krisenereignisses, Maßnahmen ableiten		
9. Erneutes Herantreten an die Presse		

** Bei Medienanfragen folgendes beachten:* • Printmedien: Welche Redaktion? Wo wird der Artikel veröffentlicht? Ggf. Artikel vor der Veröffentlichung gegenlesen • Hörfunk: Klärung wie der zeitliche Rahmen ist. Auf Vorgespräch bestehen, um zu klären, worauf ggf. nicht eingegangen werden kann; Notizzettel mitnehmen • Fernsehen: Klären, wie der zeitliche Rahmen ist. Welche Wirkung soll mit dem Auftritt erzielt werden? Worauf ist äußerlich/charakterlich zu achten? • Krise weder herunterspielen, noch leugnen; zeigen, dass Absicht der Aufklärung besteht, ggf. getroffene Maßnahmen vorstellen • Sozialdatenschutz beachten! • Umgangshinweise (siehe Handlungsleitfaden) beachten!		
...		

Die Checkliste kann und sollte mit erworbenem Wissen und durch Erkenntnisse des kontinuierlichen Dialogs stetig erweitert werden.

Checkliste zu „Auswertung der geleisteten Krisenarbeit“
Ergänzung zum Handlungsleitfaden

Was ist zu tun? Was gilt es zu beachten? Wurde daran gedacht?	Erledigt?	Anmerkungen
Analysieren durch das Krisenteam und mittels Dokumentationen: • Wird die Auswertung mit einem/r externen Berater*in durchgeführt? Warum? Mit wem? • Wie wurde der Krisenverlauf wahrgenommen und dokumentiert? • Welche Krisenvorbereitungsmaßnahmen haben für den akuten Krisenfall geholfen? Welche nicht? • Welche Werkzeuge, Bewältigungsstrategien und Kommunikationsansätze wurden eingesetzt? Wie haben sie funktioniert? Welche Wirkung wurde damit intern wie extern erzielt? Was hat nicht funktioniert? Woran hat das gelegen? • Meinungsbilder der Krisenverantwortlichen/ des Krisenteams, der Mitarbeitenden, der Beziehungskontakte und der externen Anspruchsgruppen einholen und auswerten (mittels Datenerhebung und -auswertung empirischer Art) • Was waren getroffene Maßnahmen im Krisenfall? • Was ist die Ursache der Krise gewesen? • Welcher Schaden ist entstanden? • Medienresonanzanalyse durchführen: Welche Mediennutzarten waren involviert? Mit welchen Medienvertreter*innen hat die Zusammenarbeit funktioniert? Welche Medienvertreter*innen werden zukünftig gemieden (aber nicht die gesamte Redaktion/Sender!)? Welche Wirkung hat die Presse in der Öffentlichkeit erzielt? Wurden die Informationen wahrheitsgetreu oder verfälscht durch die Medienvertreter*innen der Öffentlichkeit vermittelt? • Welche neuen Kontakte sind entstanden? Gelang die Zusammenarbeit mit den bereits geknüpften Kontakten?		

• Welche innerbehördlichen Anpassungen braucht es zukünftig? (Gesamte Behörde? Einzelne Abteilungen?) Wie werden die Veränderungen umgesetzt? Sind es strukturelle, prozessuale oder personelle Veränderungen? • Braucht es ein wiederholtes Krisen- und Medientraining? • Auswertung des Zusammenwirkens im Krisenteam: Hat das Krisenteam seine Aufgabe erfüllt? Braucht es Anpassungen im Krisenteam (strukturell, prozessual, personell)? Sind Funktionen noch unklar? Welche? Sind Verantwortlichkeiten ungünstig festgelegt? Braucht es Nachschulungen? Welche?		
Lernen: • Welche neuen Erkenntnisse wurden durch die Krise gewonnen? • Welche behördlichen Stärken und Schwächen wurden durch die Krise erkennbar? • Wie wird das Wissen zukünftig in die Behördenstruktur verankert? • Was soll beim nächsten Mal genauso oder besser ablaufen? • Welche neuen Risiken sind durch die Krise entstanden (Ständig weiter beobachten!)? Welche Chancen haben sich ergeben? • Welche internen sowie externen Auswirkungen haben die Veränderungen, die durch die Krise entstanden sind? • Anpassung und Erweiterung des Krisenkonzeptes vornehmen • *Abschlussbericht* dokumentieren und für alle Mitarbeitenden sowie Verantwortlichen intern zugänglich hinterlegen		
...		

Die Checkliste kann und sollte mit erworbenem Wissen und durch Erkenntnisse des kontinuierlichen Dialogs stetig erweitert werden.